赤本 Premium Series

京大 古典 プレミアム

01

教学社

はじめに

本書は、京都大学の入試問題（古文）を過去五十年にわたって精選し、京大を志望している受験生にぜひ解いてもらいたい良問をセレクトしたものである。京大ならではの珍しい出典や味わい深い文章も取り上げた。京大志望ではないが、古典が得意で最高峰の古文の問題にあたってみたいという受験生、そして古文が好きだったかつての受験生にも楽しんでもらえるようにした。

京大古文の出典は、説話・随筆・物語などさまざまなジャンルにわたるが、「和歌を含む説話・物語」「歌論」「江戸随筆」に特徴がある。意識的にこれらの問題を多く取り上げた。中には「難」「超難」のものもあるが、これも入試の現実だと受けとめてほしい。

また、京大古文の設問は、〈きっちりとした読解を前提に、しっかりとした記述を要求する〉という王道を行っている。そういう意味で、「読解の方法」と「記述の手順」に力点を置いた解説とした。時に解答の方向性が複数考えられるような設問もあるが、これらを避けることなく、むしろ積極的に丁寧に解説し、別解も示すこととした。京大受験生にとっては、そうした実情を知ることも、実戦的な対策になると思うからである。

この本を手に取る読者は、じっくりと問題に取り組み、自分の解答を作ったうえで、私の解説を丁寧に読み、模範解答と見比べてほしい。それを繰り返すことで、必ずや実力がつくと確信している。

最後に、私のわがままなセレクト、構成・解説を許してくださった教学社編集部に感謝している。

編著者　仲光雄

目次

コラム

問題編（別冊）

本書の構成と使用法

問題は別冊に収載している。問題編と解答編は、次の項目で構成されている。各項目の内容とその利用法を紹介しておく。

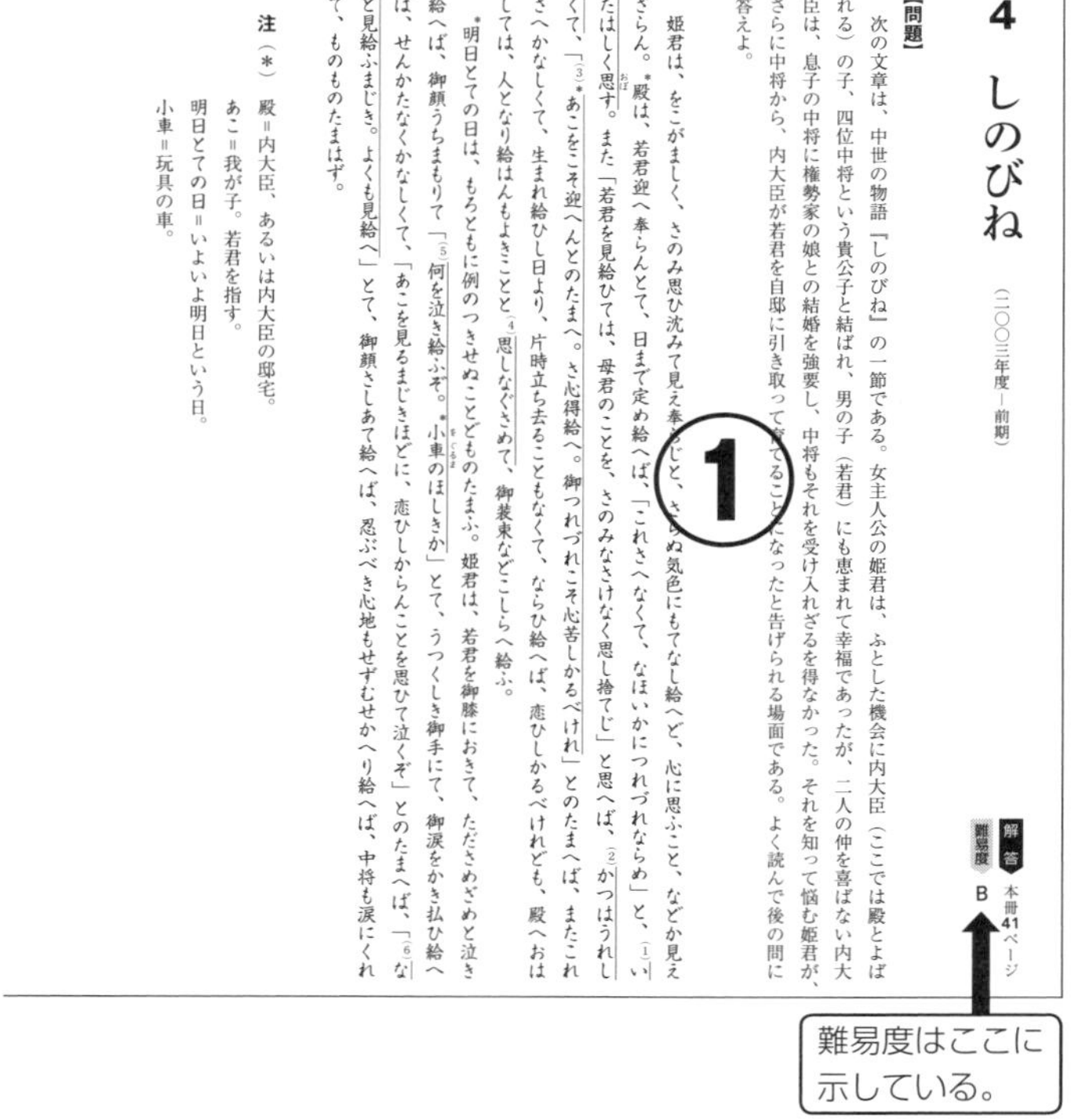

4　しのびね　（二〇〇三年度—前期）

解答　本冊41ページ
難易度　B

【問題】
次の文章は、中世の物語『しのびね』の一節である。女主人公の姫君は、ふとした機会に内大臣（ここでは殿とよばれる）の子、四位中将という貴公子と結ばれ、男の子（若君）にも恵まれて幸福であったが、二人の仲を喜ばない内大臣は、息子の中将に権勢家の娘との結婚を強要し、中将もそれを受け入れざるを得なかった。それを知って悩む姫君が、さらに中将から、内大臣が若君を自邸に引き取って育てることになったと告げられる場面である。よく読んで後の問に答えよ。

姫君は、をこがましく、さのみ思ひ沈みて見え奉らじと、さらぬ気色にもてなし給へど、心に思ふこと、などか見えざらん。*殿は、若君迎へ奉らんとて、日まで定め給へば、「これさへなくて、なほいかにつれづれならめ」と、(1)いたはしく思《おぼ》す。また「若君を見給ひては、母君のことを、さのみなさけなく思し捨てじ」と思へば、(2)かつはうれしくて、「(3)*あこをこそ迎へんとのたまへ。さ心得給へ。御つれづれこそ心苦しかるべけれ」とのたまへば、またこれさへかなしくて、生まれ給ひし日より、片時立ち去ることもなくて、ならひ給へば、恋ひしかるべけれども、殿へおはしては、人となり給はんもよきことと(4)思しなぐさめて、御装束などこしらへ給ふ。

*明日とての日は、もろともに例のつきせぬことどものたまふ。姫君は、若君を御膝におきて、ただささめざめと泣き給へば、御顔うちまもりて「(5)何を泣き給ふぞ。*小車《をぐるま》のほしきか」とて、うつくしき御手にて、御涙をかき払ひ給へば、せんかたなくかなしくて、「あこを見るまじきほどに、恋ひしからんことを思ひて泣くぞ」とのたまへば、「(6)など見給ふまじき。よくも見給へ」とて、御顔さしあて給へば、忍ぶべき心地もせずむせかへり給へば、中将も涙にくれて、ものものたまはず。

注（＊）　殿＝内大臣、あるいは内大臣の邸宅。
あこ＝我が子。若君を指す。
明日とての日＝いよいよ明日という日。
小車＝玩具の車。

問題編

①問題…過去五十年の京大の問題を徹底的に分析し、現在の受験生の演習素材として役立つ良問を選定している。出題文のジャンルとしては、京大で特徴的な出題となっている分野のものを中心に、バランスのよい構成となるよう心がけた。難易度的には、比較的取り組みやすい 難易度 Aを五題、文章の難度がやや上がって解答もまとめにくいものが増える 難易度 Bを十題、内容が非常につかみにくい問題文・答えづらい設問で、筆者の私も解答に困るような 難易度 Cを五題、合計二十題を収載している。

古文に自信のない受験生は、まずは難易度Aの問題に取り組むとよいだろう。難易度Bがすらすら解けるようなら、かなり心強い。古文で

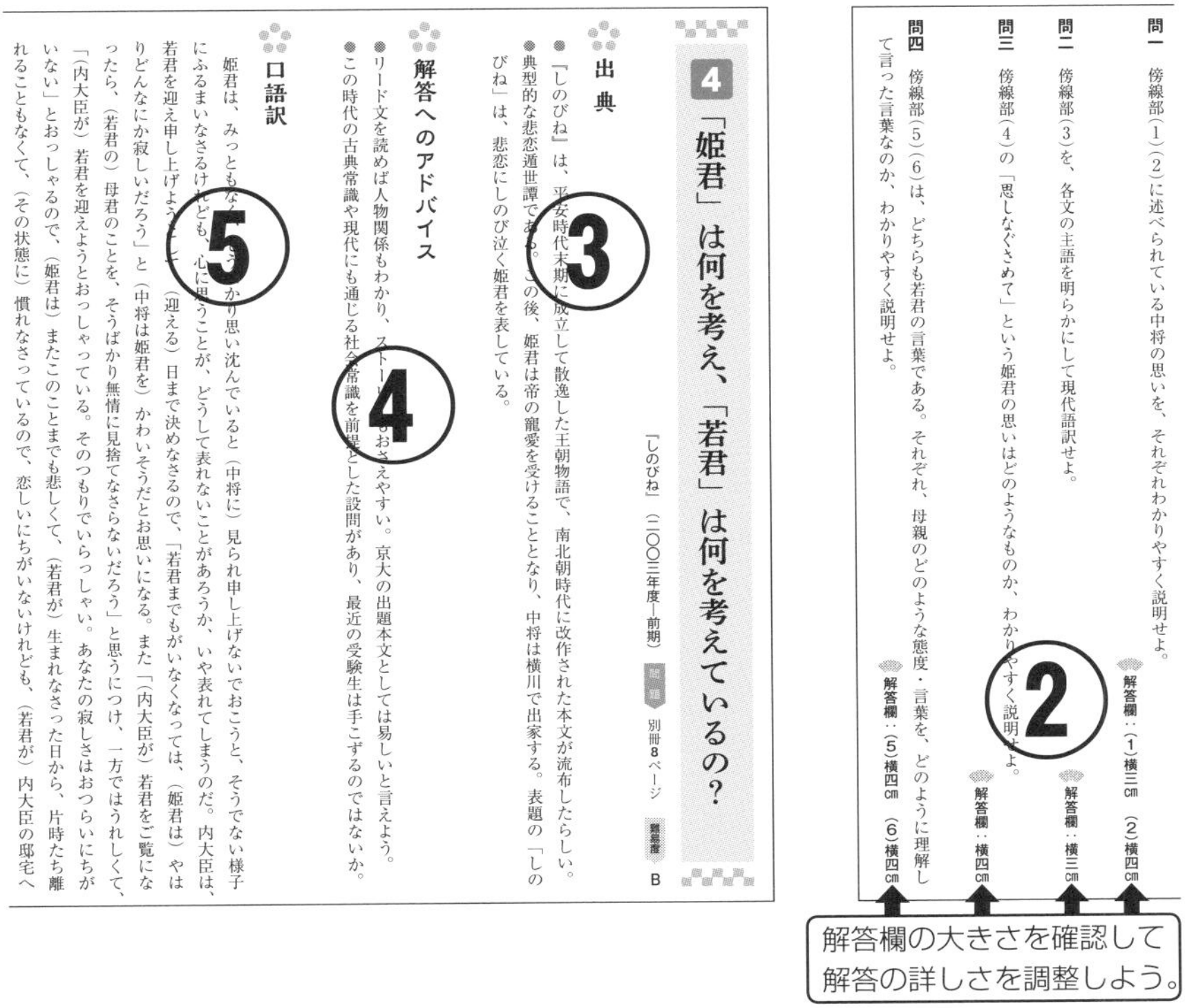
問一　傍線部(1)(2)に述べられている中将の思いを、それぞれわかりやすく説明せよ。
解答欄：(1)横三㎝　(2)横四㎝
問二　傍線部(3)を、各文の主語を明らかにして現代語訳せよ。
解答欄：横三㎝
問三　傍線部(4)の「思しなぐさめて」という姫君の思いはどのようなものか、わかりやすく説明せよ。
解答欄：横四㎝
問四　傍線部(5)(6)は、どちらも若君の言葉である。それぞれ、母親のどのような態度・言葉を、どのように理解して言った言葉なのか、わかりやすく説明せよ。
解答欄：(5)横四㎝　(6)横四㎝

②
解答欄の大きさを確認して
解答の詳しさを調整しよう。

4　「姫君」は何を考え、「若君」は何を考えているの？
『しのびね』（二〇〇三年度―前期）　問題　別冊8ページ　難易度　B

出典
『しのびね』は、平安時代末期に成立して散逸した王朝物語で、南北朝時代に改作された本文が流布したらしい。
典型的な悲恋遁世譚である。この後、姫君は帝の寵愛を受けることとなり、中将は横川で出家する。表題の「しのびね」は、悲恋にしのび泣く姫君を表している。

解答へのアドバイス
リード文を読めば人物関係もわかり、ストーリーもおさえやすい。京大の出題本文としては易しいと言えよう。
この時代の古典常識や現代にも通じる社会常識を前提とした設問があり、最近の受験生は手こずるのではないか。

口語訳
姫君は、みっともなく　かり思い沈んでいると（中将に）見られ申し上げないでおこうと、そうでない様子にふるまいなさるけれども、心に思うことが、どうして表れないことがあろうか、いや表れてしまうのだ。内大臣は、若君を迎え申し上げようと（迎える）日まで決めなさるので、「若君までもがいなくなっては、（姫君は）やはりどんなにか寂しいだろう」と（中将は姫君を）かわいそうだとお思いになる。また「（内大臣が）若君をご覧になったら、（若君の）母君のことを、そうばかり無情に見捨てなさらないだろう」と思うにつけ、一方ではうれしくて、「（内大臣が）若君を迎えようとおっしゃっている。そのつもりでいらっしゃい。あなたの寂しさはおつらいにちがいない」とおっしゃるので、（姫君は）またこのことまでも悲しくて、（若君が）生まれなさった日から、片時たち離れることもなくて、（その状態に）慣れなさっているので、恋しいにちがいないけれども、（若君が）内大臣の邸宅へ

③
④
⑤

高得点をねらう受験生は、難易度Cにも意欲的に挑戦してほしい。

なお、問題は、基本的に当時出題されたままの形で掲載しているが、書体など、体裁的なところは少し手を加えたところがある。

② **解答欄**…京大の問題のほとんどが記述式であるが、字数が指定されることはめったにない。解答用紙に、**縦十四センチほどの枠**が設けられており、設問ごとに区切られている。本書の問題編には、**設問ごとに与えられたスペースを記している**ので、これに応じた解答を考えることが重要である。また、問題編の巻末には、実物大の解答欄を模した「**解答練習シート**」をつけているので、実際に書き込む練習もしてほしい。

解答編

③ **出典**…出題された文章のジャンル・成立時代・作者などを示した。

④ **解答へのアドバイス**…取り組むにあたっての注意点を、難易度などとあわせて示した。

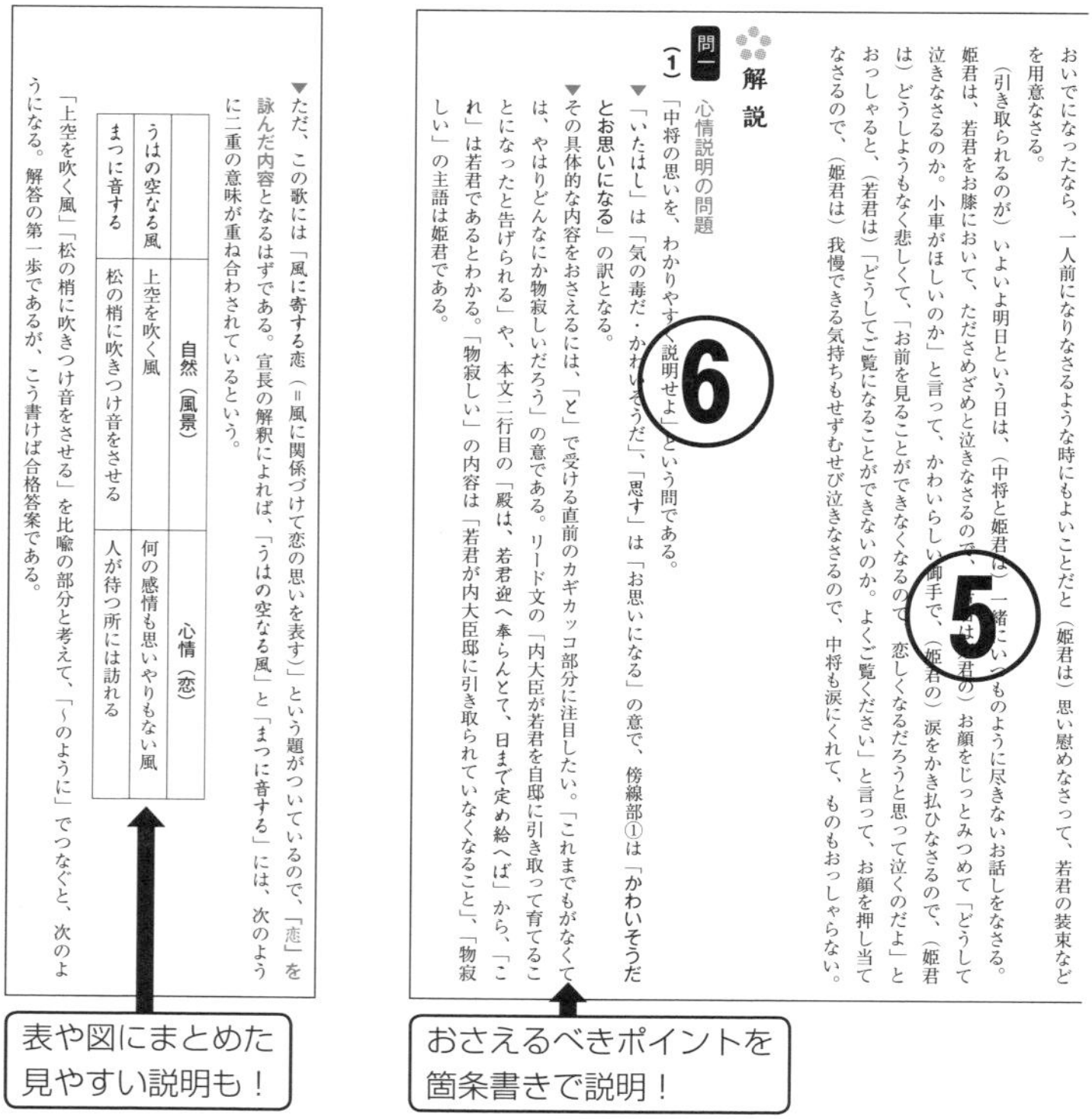

おいでになったなら、一人前になりなさるような時にもよいことだと（姫君は）思い慰めなさって、若君の装束などを用意なさる。

（引き取られるのが）いよいよ明日という日は、（中将と姫君は）一緒にいつものように尽きないお話しをなさる。姫君は、若君をお膝において、ただめざめと泣きなさるので、（若君は姫君の）お顔をじっとみつめて「どうして泣きなさるのか。小車がほしいのか」と言って、かわいらしい御手で、（姫君の）涙をかき払ひなさるので、（姫君は）どうしようもなく悲しくて、「お前を見ることができなくなるので恋しくなるだろうと思って泣くのだよ」とおっしゃると、（若君は）「どうしてご覧になることができないのか。よくご覧ください」と言って、お顔を押し当てなさるので、（姫君は）我慢できる気持ちもせずむせび泣きなさるので、中将も涙にくれて、ものもおっしゃらない。

解説

問一 (1) 心情説明の問題

「中将の思いを、わかりやすく説明せよ」という問である。

▼「いたはし」は「気の毒だ・かわいそうだ」、「思す」は「お思いになる」の意で、傍線部①は「かわいそうだとお思いになる」の訳となる。

▼その具体的な内容をおさえるには、「と」で受ける直前のカギカッコ部分に注目したい。「これまでもがなくては、やはりどんなにか物寂しいだろう」の意である。リード文の「内大臣が若君を自邸に引き取って育てることになったと告げられる」や、本文二行目の「殿は、若君迎へ奉らんとて、日まで定め給へば」から、「これ」は若君であるとわかる。「物寂しい」の内容は「若君が内大臣邸に引き取られていなくなること」、「物寂しい」の主語は姫君である。

▼ただ、この歌には「風に寄する恋（＝風に関係づけて恋の思いを表す）」という題がついているので、「恋」を詠んだ内容となるはずである。宣長の解釈によれば、「うはの空なる風」と「まつに音する」には、次のように二重の意味が重ね合わされているという。

	自然（風景）	心情（恋）
うはの空なる風	上空を吹く風	何の感情も思いやりもない風
まつに音する	松の梢に吹きつけ音をさせる	人が待つ所には訪れる

「上空を吹く風」「松の梢に吹きつけ音をさせる」を比喩の部分と考えて、「～のように」でつなぐと、次のようになる。解答の第一歩であるが、こう書けば合格答案である。

5
6
おさえるべきポイントを箇条書きで説明！
表や図にまとめた見やすい説明も！

⑤**口語訳**…逐語訳を心掛けた。ただ、和歌については説明的な訳としたものもある。

⑥**解説**…傍線部について答える設問では、**解釈するうえでポイントとなる単語や文法事項**について、簡潔に説明している。自信のない知識事項があれば、その都度必ず復習しておこう。

京大の古文では、現代語訳が求められるだけでなく、読み取った内容を**自分の言葉でまとめさせる設問**も多く出されている。そういう設問については、本文の中でおさえるべき箇所を選び出したうえで、それをどう答案にまとめていくかが大切である。本書では、おさえなくてはならないポイントを箇条書きで示したり、表や図にまとめ直したりすることによって、**答案をまとめていく過程をできるだけ丁寧に説明している**。ぜひじっくりと読んで、記述式の答案を書き上げる手順やコツを体得してほしい。

⑦**解答**…合格答案となる解答を示している。設問によっては、「やや不足だが条件は満たしている解答」「ほぼできているがあと一歩の工夫

(2)「中将の思いを、わかりやすく説明せよ」という問である。

▼傍線部の「うれしく」の理由は、直前の「と思へば」を受ける部分に示されている。「若君を見給ひては」は「若君をご覧になったならば」で、引き取って見ることになる内大臣が主語である。「さのみなさけなく思し捨てじ」は「そうばかり無情にもお見捨てにならないだろう」で、内大臣が母君を見捨てないことをいう。

……以上を踏まえて、答案の第一段階。

答 ✿✿✿

内大臣が若君をご覧になったら、母君を無情に見捨てなさらないだろうとうれしく思っている。

▼直訳なら許容だが、京大の説明問題としては不十分だ。「若君を見たら、母君を無情に見捨てない」のはなぜか。それは「かわいい孫を見たらそのかわいさゆえに、おじいちゃんはその子の母親を邪険に扱うことはないだろう」ということだが、普通の大人なら理解するはずの社会常識を踏まえて考える必要がある。古文常識ではない。大人の常識とでも言えよう。最近の受験生は、ここらあたりの書き込みに手こずりそうだ。

……これを踏まえた、答案の第二段階。波線部分を書き加えている。

⑦

答 ✿✿✿

内大臣が孫の若君をご覧になったら、そのかわいさのあまり、その生母である姫君を無情に見捨てなさらないだろうとうれしく思っている。

▼ここまできても、京大の説明問題の答案としてはまだ甘い。「かつはうれしくて」の「かつは」を説明していないからである。「かつは」は「一方では」の意で、前の**(1)**の部分から「一方ではかわいそうで」という意味が裏に隠されているのである。そこの内容を具体的に書き込むのが京大の説明問題なのである。

……これを含めた模範解答を示しておこう。

答 ✿✿✿

姫君の手もとから若君を引き離すのはかわいそうだが、その一方で内大臣が孫の若君をご覧になったら、そのかわいさのあまり、若君の生母である姫君を無情に見捨てなさらないだろうとうれしく思っている。

「かわいそうだが、その一方で」と補うことで、「かつは」の裏に隠されている意味を示している。

異論別解

傍線部の「みそかなるうちとけごと」は、「女房たち」の会話とみるか、周防内侍のつぶやきとみるか、両方が考えられる。『千載集』の詞書には「内侍周防よりふして、枕もがなと忍びやかにいふ」とあるので、模範解答はこれに沿って「周防内侍のひそかに言った」としておいた。ただ、詞書と『百首異見』の記述は別だとすれば、「うちとけごと」の原義からして、一人のつぶやきではなく「うちとけた女房たちの会話」とする方が自然だろう。その場合は、答の前半は「**女房たちのひそかにこっそり交わした会話を聞きとったことを**」となる。

こういう別解があることから、京大はあえて「主語を補って」という条件をつけなかったなどと考えるのは、うがった見方だろうか。

⑧

「異論別解」コーナーは京大ならでは！

外せないポイントや補い方のコツを解説。

設問によっては、解答をよりよくする手順を段階をおって説明。桜マークに注目！

がほしい解答」も示しており、**解答の習熟度を赤い桜マークの数**（一〜三。たまに四もある）**で示している**。桜マークが二つ以下のものは何が足りないかも詳しく説明している。古文を得点源にしたい人は、ぜひ桜マーク三つ（以上）の解答をめざしてほしい。

解答の分量は、解答枠の大きさ（例年、一行十四センチ程度である）に合わせて、**一行あたり二十五字程度**になるよう調節している。ただし一行二十五字では解答として不足になると思われるものは、小さめの活字を使い、一行三十字の解答にしている。なお、解答の下には、**採点のポイント**となることや、**長文解答のまとめ方のコツ**などを示しているので、自己採点の際に確認してほしい。

⑧異論別解…**解答で示した以外の解釈**が可能な設問について設けたコーナーである。いろいろな解釈が考えられる箇所もあえて問うのが、京大らしいと言える。

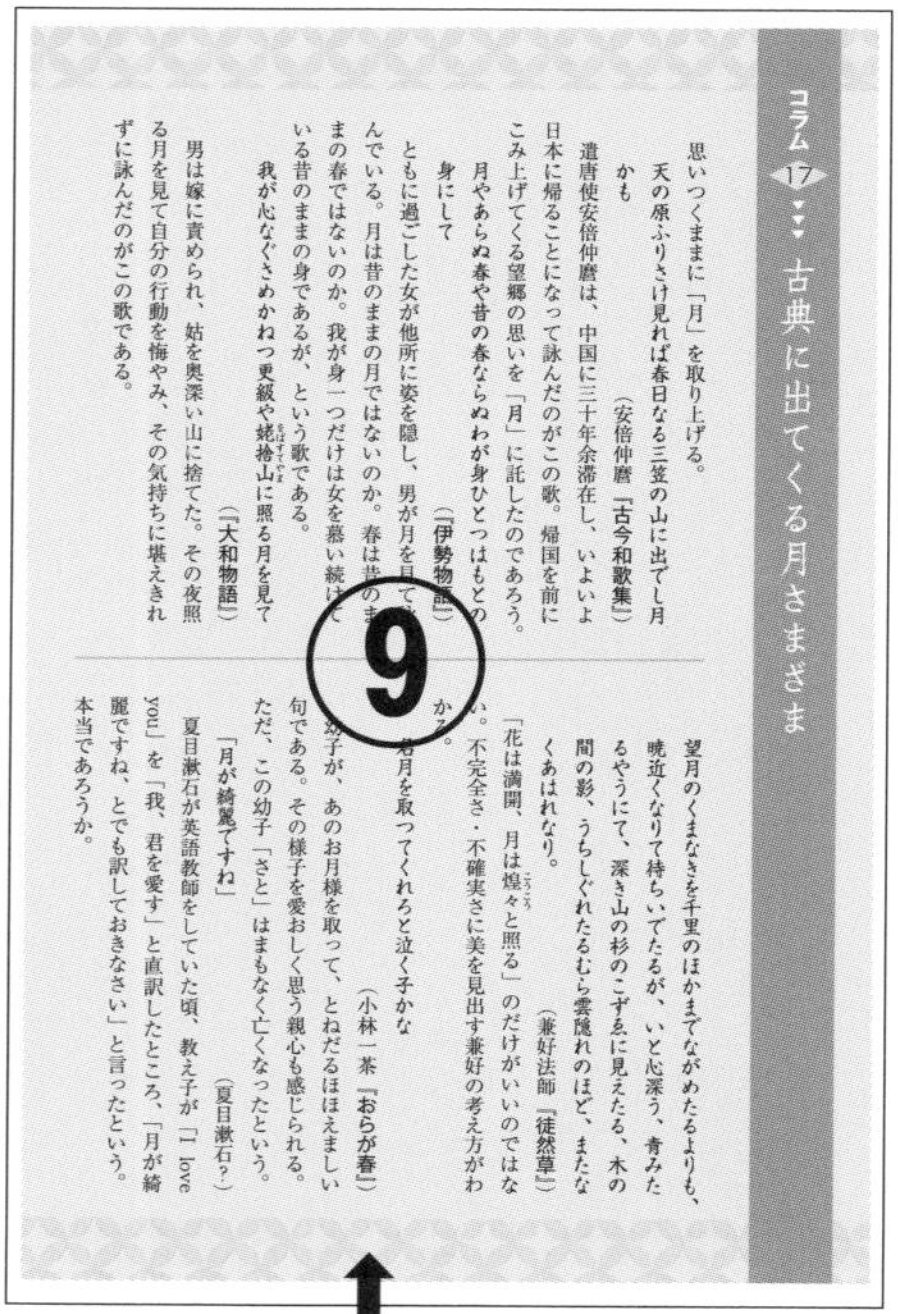

コラム 17 古典に出てくる月さまざま

思いつくままに「月」を取り上げる。

天の原ふりさけ見れば春日なる三笠の山に出でし月かも

（安倍仲麿『古今和歌集』）

遣唐使安倍仲麿は、中国に三十年余滞在し、いよいよ日本に帰ることになって詠んだのがこの歌。帰国を前にこみ上げてくる望郷の思いを「月」に託したのであろう。

月やあらぬ春や昔の春ならぬわが身ひとつはもとの身にして

（『伊勢物語』）

ともに過ごした女が他所に姿を隠し、男が月を見て嘆んでいる。月は昔のままの月ではないのか。春は昔のままの春ではないのか。我が身一つだけは女を慕い続けている昔のままの身であるが、という歌である。

我が心なぐさめかねつ更級や姨捨山《をばすてやま》に照る月を見て

（『大和物語』）

男は嫁に責められ、姑を奥深い山に捨てた。その夜照る月を見て自分の行動を悔やみ、その気持ちに堪えきれずに詠んだのがこの歌である。

望月のくまなきを千里のほかまでながめたるよりも、暁近くなりて待ちいでたるが、いと心深う、青みたるやうにて、深き山の杉のこずゑに見えたる、木の間の影、うちしぐれたるむら雲隠れのほど、またなくあはれなり。

（兼好法師『徒然草』）

「花は満開、月は煌々《こうこう》と照る」のだけがいいのではない。不完全さ・不確実さに美を見出す兼好の考え方がわかる。

名月を取ってくれろと泣く子かな

（小林一茶『おらが春』）

幼子が、あのお月様を取って、とねだるほほえましい句である。その様子を愛おしく思う親心も感じられる。ただ、この幼子「さと」はまもなく亡くなったという。

「月が綺麗ですね」

（夏目漱石？）

夏目漱石が英語教師をしていた頃、教え子が「I love you」を「我、君を愛す」と直訳したところ、「月が綺麗ですね、とでも訳しておきなさい」と言ったという。本当であろうか。

全部で22篇の
コラムを収載！

京大古文の出典一覧 (1971 ~ 2021)

ここでは、京大古文で出題された文章の一覧を示しながら、京大入試に関して、国語を
を振り返る。赤字は、本書で大問として取り上げた問題である。

年度	日程・学部	古文の出典	時代	本文の書き出し	掲
1978年度までは、大学入学共通テストのような、受験生に課される共通の一次試験が実 おらず、大学ごとに実施される試験のみで入試が行われていた。 京大国語として出題されていた問題は、現代文2題（文語文を含む）、古文1題、漢文1 構成が基本で、試験時間は150分。この頃は文語文の出題が多く、複数分野にまたがる総 な出題もあった。 古文は、1971年度以降一貫して、1題の独立した大問として出題されている。					
1971	—	花月草紙	江戸	藤の花は近う見れば美し	
1972	—	大鏡	平安	藤壺・弘徽殿のうへの	
1973	—	増鏡 古今著聞集 伊勢物語 枕草子	室町 鎌倉 平安 平安	そもそも、その物になる事、 楽所の預小監物源頼能は、 むかし、わかきをとこ、 「我をばいかが見る」と	
1974	—	伊曽保物語	安土桃山	ある河のほとりを、馬に	
1975	—	石山寺縁起	鎌倉	正応のころ、京白河に	
1976	—	拾遺和歌集 袖中抄	奈良 平安	潮満てば入りぬる磯の この歌はひがごととも	94
1977	—	ぬす人いりしまど	江戸	足の跡むさむさしきをば、	15
1978	—	夢中問答	室町	中頃一人の老尼公ありき。	
1979年度：第1回共通一次試験が実施され、全大学の個別試験に大きな変化があった。 京大の国語では出題範囲から漢文が除かれるようになった。 文系学部は3題（現代文・文語文・古文が基本）を120分で解答する。 理系は理学部のみ国語が課された。文系学部と同じ3題から2題のみ選択するという形で 間は90分。					
1979	—	蜻蛉日記	平安	つくづくと思ひつづくること	77
1980	—	玉勝間	江戸	大かた世のつねに異なる、	13
1981	—	発心集	鎌倉	少納言公経といふ手かきあり	
1982	—	宿直物語	江戸	近き頃、八坂のわたりに	
1983	—	撰集抄	鎌倉	そのむかし、かしらおろして	
1984	—	十訓抄	鎌倉	肥後守盛重は周防の国の	
1985	—	花月草紙	江戸	あるくすしが、「君は	24
1986	—	古今物忘れの記	江戸	山に籠りをる翁、たまたま	

京大古文の50年を
振り返ります。

⑨ **コラム**…古文知識のまとめ、問題文の理解を深める解説、京大の出題意図に関するもの、および著者のおしゃべりなどを書いている。ページ数の関係で、本書に掲載できなかった問題についても、一部を紹介する形で取り上げている。演習の合間に、楽しんでもらえばうれしい。

⑩ **京大古文の出典一覧**…京大で出題された一九七一年度以降の古文の問題について、年表形式でまとめている。今後の出題傾向をさぐる参考にしてほしい。

第一章　京大古文へのお誘い

京大古文入門の章である。ストーリー・登場する人物の言動がはっきりしている文章を取り上げ、読解・記述の基本的な手法を会得してもらうことをねらった。読解のポイントは、〈誰が、どうしたのか〉を正しく読み取り、登場人物の言動・心情を整理すること。記述のポイントは、何を書くのかを吟味したうえで、解答枠の大きさも踏まえて答案作成に取りかかることである。そうした練習を繰り返すことが大切である。

1 白河院と永観律師は、何を考えどうしたの？

『発心集』（一九九三年度―前期）　問題 別冊2ページ　難易度 B

出典

●『発心集』は、鎌倉時代前期の仏教説話集で、作者は鴨長明である。
●さまざまな隠遁者の生活を描き、真の仏教者のありようを追求している。

解答へのアドバイス

●永観律師の人物像と言動、そして白河院の言動を正しく読み取ることが大切である。
●**問二・問三**は本文全体の理解と的確な記述力が求められる設問である。

口語訳

永観律師という人がいた。長年の間仏法を信仰する心が深く、名声や利得には関心をもたず、俗世を捨てたかのようであったが、そうはいってもやはり、人情があり、お仕えし心の通い合った人のことは忘れなかったので、わざわざ仏道修行のために深い山奥に入ろうと願うこともなかった。東山の禅林寺という所に引き籠もって、人に物を貸して、日々を過ごす生活の手段としていた。（人が物を）借りる時も返す時も、（永観律師は）ただやって来た人の意にまかせて処理したので、かえって（借りた人は）仏の物を（借りるのだから）と思って少しも不正なことはしなかった。ひどく貧しい者で（借りた物を）返さない者を、（永観律師は自分の）前に呼び寄せて、（借りた）物の程度に応じて念仏を唱えさせてつぐなわせた。

東大寺の別当職が欠員になった時に、白河院は、この人（＝永観律師）を（別当職に）任命なさる。（それを）聞く人々は、耳を驚かせて、「まさか引き受けないだろう」と言っているうちに、意外にも、（永観律師は東大寺の別当職を）辞退し申し上げることはなかった。

その時、（永観律師の）長年の弟子や、かつて使われていた人などが、我も我もと争って、東大寺の荘園を所望したけれど、一か所も特定の人に対する援助には使わないで、すべて東大寺の修理の費用に当てなさった。自分がこの寺に出向く時には、みすぼらしい馬に乗って、そこ（＝東大寺）で生活するのに必要であるにちがいないだけの物資を、小法師に持たせて（寺に）入った。

このようにして、三年の間に修理の仕事が終わって、すぐさま（別当職を）辞任し申し上げる。白河院も、また（翻意を促すなど）あれこれのお言葉もなくて、別の人を（次の別当職に）任命なさった。よくよく（白河院と永観律師の）二人が示し合わせた行動のようであったので、当時の人は、「寺が破損している（のを修理する）ことを、この人（＝永観律師）以外には、安心して命じることのできる人もいない、と（白河院が）お思いになってお命じになったのを、律師も（そうした院の意向を）理解なさっていたのであるようだ」と言っていた。（永観律師は）深く仏罰を恐れたので、数年間東大寺（の修理）の仕事に従事したけれども、寺の財産をほんのわずかも自分のために用いることなく終わった。

解説

問一　現代語訳の問題

「省略されている言葉があると思われる箇所は、適宜補って訳せ」という指示がある。**補うかどうかを受験生にゆだねたもので、文章の内容をもとに判断することが求められている。**

(1) ▼「ことさら」には、「①わざわざ・故意に、②とりわけ・特に」の意味があるが、①②のどちらでもいい。「ことさら」の訳も正しいが、古文の語のままでは訳していないような感を与えかねないので、別の語に言い換えておくこと。

▼「**深山を求むる**」は「深い山の中を望む・奥山に入ろうとする」のことだが、「省略されている言葉があると思われる箇所」に該当する。直前の「念仏の志深く、名利を思はず、世捨てたるが如くなりけれ」に注目すると、「**深山を求むる**」は、**仏道修行のために、深い山奥に入ろうとすることだ**と見当がつく。

……以上を踏まえて、答案を示す。ⓐ、ⓑどちらも満点だ。

答(a)

わざわざ仏道修行のために深い山奥を望むこともなかった。

京大の解答欄は一行（横一㎝）に二十五字くらい書くのが原則。ここは二十六字（＋文末の句点）となっている。

答(b)

永観律師は、わざわざ深い山奥に入って隠棲し仏道修行をしようと望むこともなかった。

波線部分を補った答案。指定された解答欄には収まらないが、理想の模範解答として示す。

(2) ▼「なかなか」は「かえって」の意味。直前の「（人が物を）借りる時も返す時も、（永観律師は）ただやって来た人の意にまかせて処理したので」を受けている。借り貸しについて厳しく管理せず、借り手の意にまかせたので、「意にまかせられるとかえって……」となるのである。

▼「をとて」の部分は「を（借りる）と（思っ）て」のように言葉を補い、「仏の物を借りるのだからと思って・仏の物を借りたのだからと思うので」のようにする。また「不法のこと」は「返さないという不正なこと」とする。

……以上を踏まえて現代語訳をする。

答 ✿✿✿

借りる人は、意にまかせられるとかえって、仏の物を借りたのだからと思って、少しも返さないといった不正なことはしなかった。

「仏の物をとて」をうまく補って訳せたかで差がついただろう。

(3) ▼「思はずに」は「思いもしないことに」で、「思いのほか・意外にも」のような訳となる。少し前の「聞く人、耳を驚かして」をもとに、世間の人が意外に思っていたということがわかるように言葉を補う。

▼「いなび」は「いなぶ」の連用形で、「断る・辞退する・拒否する」の訳となる。直前の内容を踏まえて、「永観律師が」「東大寺の別当職を・東大寺の別当に就くことを」断らなかったということを補う。

……解答枠が二行分あるので、補いを多めの模範解答とした。

答 ✿✿✿

世間の人々にとっては意外にも、永観律師は東大寺の別当職に就くことを辞退し申し上げることはなかった。

「世間の人々」「永観律師」という主語は必須。辞退する内容もできるだけ補いたい。

(4) ▼「かしこ」は「あそこ」の意で、ここは直前の「本寺」すなわち東大寺をさす。「いる」は「要る」で、「必要である」の意味。「いる」を「居る」としてはいけない。古語の「居る」は「ゐる」である。

▼「時料」は古語辞典でもめったに目にしない語である。こういう単語を平然と出題してくるのが京大の特徴で

もある。これは文脈をもとに考える。「(荘園のお金も)みな寺の修理の用途に寄せられたりける」、「本寺に行き向かふ時には」「時料、小法師に持たせて」とあることから、寺での生活のための必需品・食料などだと推測できよう。ちなみに、辞書には「その時々の費用。生活費」(『広辞苑』)、「その時々によって必要な生活費」(『日本国語大辞典』小学館)と説明されている。

……語句に即して直訳するなら(a)だが、内容を踏まえた(b)が模範解答となる。

答(a)

東大寺において必要であるに違いないだけの物資

答(b)

永観律師が東大寺で生活するのに必要であるに違いないだけの物資

解答枠は狭いが、主語は必ず補おう。

(5)

▼「君」は白河院。「とかく」は「あれこれ・いろいろ」、「仰せ」は「ご命令・お言葉」の意である。永観律師は三年の修理が終わるとすぐに辞職を申し出たが、それに対して白河院はあれこれおっしゃることもなかったという文脈を正しくつかむ。「あれこれ」とは、辞意に対して翻意を促す、慰留する言葉である。

▼「異人」は「別の人」。「なされ」の「なさ」は動詞「なす」の未然形で「任命する」の意味、「れ」は尊敬の助動詞である。

……以上をあわせて解答する。

答

白河院は、また永観律師の辞意に対して翻意を促すあれこれのお言葉もなくて、別の人を別当職に任命なさった。

解答枠が二行分なので「とかくの仰せ」をたっぷり補った。

問二　理由説明の問題

まず、傍線部の意味をおさえよう。

▼「よも」は「まさか」、「じ」は「〜ないだろう」で、直訳は「まさか受け取らないだろう」である。直前に、白河院が永観律師を東大寺の別当職に任命したが、その話を聞いた人々は驚いてとあるから、「まさか永観律師は東大寺の別当職を引き受けないだろう」というのである。

次に、**人々はなぜ引き受けないと思ったのか**を考えよう。直感的に、永観律師と東大寺別当とのミスマッチではないかと推測できるだろうが、詳しく見よう。

▼**永観律師とはどういう人か……**

●長年にわたって仏法信仰の志が深く、名声や利得には関心をもたず、俗世を捨てたかのようであった

●東山のお寺に引き籠もって、人に物を貸して生活の手段としていたが、**私利私欲には無縁**であった

▼**東大寺の別当職とはどういうものか……**

●**注**に、「東大寺などの大寺院の最上位にあって、寺務を総裁する僧」とある。**たいへんな名声**を手にできる役職であったと推測できる。

●本文に「長年の弟子や、かつて使われていた人などが、我も我もと争って、東大寺の荘園を所望した」とある。別当職は**経済的な恩恵が伴う役職**であったようで、ここにはそれを目当てとする弟子や使用人の様子が書かれている。俗っぽく言えば、実入りがよく、うまくやればがっぽり稼げる役職であったことがわかる。

……以上を踏まえて、簡潔な解答を示してみよう。

答

永観律師は名声や利得には無縁の人だから、東大寺別当という名利がからむ職に就くはずがないと考えたから。

解答枠が三行分あるので、これでは少し足りない？

簡潔な答案だが、これでは、京大古文の解答としては不十分である。永観律師・東大寺の別当についての説明を加えたい。解答枠からして、七十五〜九十字くらいにまとめるのがよいだろう。

答 ✿✿✿

永観律師は名声や利得には関心を持たず俗世を捨てたような生活をし、私利私欲には無縁であったから、東大寺別当という世俗的名誉の最上位で、利得もからむ役職に就くはずがないと考えていたから。

前ページの解答に波線部分を加えた。このように、注に示された内容も盛り込むと説得力が増す。

問三 内容説明の問題

まずは、傍線部の訳を順に考えてみよう。

▼寺の破れたること……「破る（←破れ）」は「破損する・壊れる」の意。「寺が破損しているのを修理すること」となる。

▼この人ならでは……「ならでは」は「〜でなくては・〜以外には」の意。「この人」は永観律師。

▼心やすく沙汰すべき人もなし……「心やすし（←心やすく）」は「安心する」の意。「沙汰」には、「①裁き、②処置、③命令・指図」等の意味があるが、ここは③の意味。「べき」は可能の意。「安心して命じることができる人もいない」となる。

▼思しめして仰せ付けけるを……「思しめす（←思しめし）」は「お思いになる」、「仰せ付く（←仰せ付け）」は「命じなさる」の意。この部分の主語は白河院。

▼律師も心得給ひたりけるなむめり……「心得」は「理解する」の意。「なむ（ん）」は断定の助動詞「なり」の連体形「なる」の音便形、「めり」は推定の助動詞である。

全体の訳は、「寺が破損しているのを修理することを、永観律師以外には、安心して命じることのできる人もいない、と白河院がお思いになって命じなさったのを、律師も理解なさっていたのであるようだ」となる。

「どういうことをいっているのか」の問いかけは、何をどこまで深めて書くといいのかが難しい。右の訳をそのまま示すのも一つの答え方ではあるが、京大が求めている解答はそのようなものではあるまい。解答枠からして二百〜二百四十字程度の文字数が求められているようである。どのように内容をふくらませればいいのだろうか。ポイントとなる本文の箇所についてどんなことを書き込めば「どういうことをいっているのか」の解答となるかを示そう。

イ：傍線部Bの前半部

「この人ならでは、心やすく沙汰すべき人もなし、と思しめして仰せ付けける」の部分については、なぜ永観律師なら安心して命じることができるのかの理由を書き込む。

ロ：傍線部Bの後半部

「律師も心得給ひたりける」では、律師は何を理解したのかを書き込むといい。

ハ：傍線部(5)に着目

〈白河院が、永観律師の辞意に対して翻意を促す言葉もなくて、別の人を次の別当に任命なさった〉という部分である。ここでは、白河院の考えを書き込むといい。設問文に「傍線部(5)に述べられていることをも考えに入れて」という指示がある。この部分をしっかり踏まえよというヒントだと考えよう。

ニ：傍線部Bの直前に着目

「よくよく人の心を合はせたるしわざのやうなりければ」（＝よくよく二人が示し合わせた行動のようであったので）では、**ロ**・**ハ**で見てきた二人の関係についていっているので、そこを書き込むといい。

以下、**イ**〜**ニ**に即してポイントを箇条書きにしてみる。

イ▼白河院は、利権や情実もからむであろう東大寺の修理の責任者を任せられるのは、俗世を捨てたような生活をし、私利私欲には無縁であった永観律師以外にはいないと考えた

ロ▼修理の期間だけ東大寺の別当に任じようとした白河院の考えを、永観律師は理解した

ハ▼永観律師は三年で修理が終わるとすぐ職を辞したが、院は引き留めなかった

ニ▼二人にはお互いの考えがわかり、そして理解していたという信頼関係があった

……以上を踏まえて、次のような模範解答を示しておく。

答

✿✿✿

白河院は、利権や情実もからむであろう東大寺の修理の責任者を任せられるのは、俗世を捨てたような生活をし、私利私欲には無縁であった永観律師以外にはいないと考え、修理の期間だけ東大寺の別当に任じようとした。また永観律師も院のそうした考えを理解し別当職に就いた。だから三年間で修理が終わるとすぐ職を辞したが、院は引き留めなかった。この二人には互いの心の内を理解した深い信頼関係があり、当時の人々はさわやかですばらしいと思ったことをいっている。

傍線部の訳に、イ、ロ、ハ、ニを盛り込んでまとめた解答である。解答枠の大きさに応じて、本文から「補い」のポイントを盛り込みたい。

コラム 1 僧も聖俗さまざま

古文に描かれる「僧侶」は、「聖」の典型から「俗」な坊主まで多種多様である。

A　昔、東の方に、いみじく思ひ澄ましたる聖ありけり。ただ一人のみありて、すべてあたりに人を寄せず侍りける。ただ我が心とぞ、時々出でて、人にも見えける。また、身に持ちたる物少しもなし。仏も経もなし。ましてそのほかの物、つゆちりもなし。

（『閑居友』）

これは修行僧である。死期が近づいた時、山に登りみずから「山送り」をしたという。「山送り」とは死者を山に葬ることで、ここは極楽往生を遂げたさまをいう。

B　ささやき竹を押し当て、「いかに我をば誰とか思ふ。毘沙門天なり。我が住むところの別当阿闍梨を聟《むこ》になし、姫を毘沙門堂へ送るならば、命は長かるべし」と、夫婦の耳に吹き入れてぞ帰りける。

（『ささやき竹』）

これは生臭坊主である。別当阿闍梨は花見で出会った女をわがものにしたくて、女の父母に偽のお告げを吹き込んだ。別当阿闍梨を婿にせよと言ったのである。

C　僧はもと世を捨て人なれど、あるはさるべき寺をしり、色ある衣をまとひ、おほやけわたくしにつきて事しげからんは、

（『閑田文草』）

これは「俗」の世界で出世する僧である。「それなりの寺の住職となり」「高い階級を表す色のついた法衣を纏い」「公私にわたって雑事が多い」という。

Aは「聖」の典型、Bはひどい僧の代表だが、Cの評価はちょっと難しい。「それなりの寺の住職」の代表格である「東大寺の別当」は、一歩間違えば「俗」の象徴となる。そこをうまくこなした永観律師の生きざまは見事である。

2 「くすしの先見」を信じるの？　信じないの？

『花月草紙』（一九八五年度）　問題　別冊4ページ　難易度 B

出典

●『花月草紙』は、江戸時代の随筆で、筆者は松平定信。定信は十一代将軍家斉の老中として、寛政の改革を行った政治家である。

●この随筆の内容は、月・花の風流な論から、社会のあり方や鋭い人間観察に至るまで幅広い分野にわたる。

解答へのアドバイス

●本文も読みやすいし、設問もおさえやすい。京大の古文としては易しい。

●ただ、**問二**が説明しづらく、**問四**がまとめにくいと思われる。採点基準次第では簡単には点数がもらえないだろう。

口語訳

ある医者が、「あなたは必ず、この秋の頃これこれの病気にかかりなさるだろう」と言うのを不愉快に思って、「どうしてそのようなことがあろうか、いや、あるはずがない」と、秋までは言っていた。（しかし）とうとう病気にかかってしまったので、（病気になると）言い当てた医者と顔を合わせるのも面目ないと思い、（言い当てた医者とは）別の医者の往診を頼んだ。（その医者は）いろいろ薬を与えたが効果も見えず、はじめの間は内臓の疾患であるにちがいないと思って、調剤した薬であったので、胸のあたりがますます苦しく、食べ物にも見向きもしないので、医者も（誤りに）気づいてその薬はやめた。今度は汗を流すことによって治療しようとしても効果がなく、下すことによって治療しようとすると、腹が痛むばかりでますます苦しい。どうしようもなくて、試しにたまたま調合した薬が、その病気にぴったりあったのだろうか、飲み下すとすぐに胸の辺りが気持ちよく、とうとうその病気は治った。（その医者は）命を助けた人であるというので、家の財産をすべて使っても恩に報いたいと思ったというのである。

ところで、「この秋は、必ずこの病気が起こるにちがいない。この薬をいまから飲みなさい」と言うのを、もう一人の男は、「どうしてそんなことがあろうか、いや、あるはずがない。しかしそうおっしゃるのならば飲んでさしあげよう」と言って、他人事のように飲んでいたのだが、結局その病気も起こらず、いつもと変わったことがなかったので、「だからこのようである（＝病気にかからない）にちがいないと思っていたが、あの薬は飲まなくてもよかったのに」と言ったとか。

解説

問一 現代語訳の問題

重要古語と言われるものは少ないのだが、現代語として意味のわかりにくい箇所をどこまで言い換えるかが悩ましいところである。ちなみに、表題の「くすし」は医者のことである。

(イ)▼何の……ここは医者が患者に何かを問いかけているのではないから**疑問ではない**。この「何の」は病名をぼかした言い方で、「何々という」「これこれの」くらいに訳するのがいいだろう。

▼いたづき……「病気」の意。重要語ではないが、文章全体の内容からも判断できよう。
……さらっとした解答で一行となるが、これで十分である。

答

これこれの病気にかかりなさるだろう

主語は「あなた」だが、本文の直前にあるので補う必要はない。

(ロ)▼おもてぶせなり……「面目ない・不名誉である」の意。医者の言葉を聞かずに病気になってしまったことを「おもてぶせなり」と言っている。
▼まねきてけり……江戸時代の医者は、患者のもとに出かけて行って診察をすることが多かった。これを「往診」と言う。患者の側からすれば「まねく」となる。
……丁寧に言葉を多めに補うなら、次のようになる。

答

病気になると言い当てた医者と顔を合わせるのも面目ないと思い、言い当てた医者とは別の医者の往診を頼んだ。

波線部分は、言葉を補ったり、意訳をしたりした箇所である。古文本文と見比べてほしい。

(ハ)▼てうぜし薬……「てうぜ」はサ変動詞「調《てう》ず」の連用形で、「調合する」の意。
▼あたりやしけん…単語に分ければ、「あたり」+「や」+「し」+「けん」となる。「や」は係助詞で疑問の意、「けん」は過去推量の助動詞。直訳なら「あたることがしたのだろうか」だが、これではぎこちない。「ぴったりあった」「効き目があった」のように意訳しよう。

答

試しにたまたま調合した薬が、その病気にぴったりあったのだろうか、

(三)▼家傾けて……「家傾く(←家傾け)」は、家の財産をなくすことをいうが、ここは下二段活用の他動詞なので、意識的にそうするという意味がある。「家の財産をすべて使っても・財産をなげうってでも」の訳となろう。
▼むくはまほしく……「報《むく》ふ(←むくは)」は「報いる」、「まほし(←まほしく)」は希望の助動詞で「～たい」。

答 ✿✿✿

家の財産をすべて使っても恩に報いたいと思ったというのである。

問二 表現の差異を問う問題

何を答えてよいのかに戸惑うだろうが、まずは文法的に考えていこう。
▼のみはべらん……《「のみ」(動詞)+「はべら」(丁寧の補助動詞)+「ん」(意志の助動詞)》であり、「薬を飲みましょう」の訳となる。
▼のみてまゐらすべし……《「のみ」(動詞)+「て」(接続助詞)+「まゐらす」(謙譲の補助動詞)+「べし」(意志の助動詞)》であり、「薬を飲み申し上げよう・薬を飲んでさしあげよう」の訳となる。
「て」の有無や「ん」「べし」の違いにこだわることはあるまい。ここのポイントは丁寧語と謙譲語の違いである。ここは会話の一節だから、聞き手に敬意を表す**丁寧語が使われるのなら普通の用法**で、この医者に対する敬意を表すことになるが、**謙譲語がなぜ用いられているのだろうか**。

謙譲語は〈動作の相手に対する敬意〉を表すもので、動作の相手がいることを想定した表現だが、「飲む」という動作は本来自分の行動をいう動詞なので、動作の相手を想定しにくい。ここで謙譲語を用いたのは、「飲む」の動作の相手として、薬を飲みなさいと言った医者を想定し、**その医者に対する敬意を表すために用いられている**と考えられるが、かなり特殊な謙譲語の使い方である。

ただ、ここで「いまひとりのをのこ」は、その医者に対して本当に《敬意》を込めてその言葉を用いているのかに注意してみよう。

この場面では、「いまひとりのをのこ」が、医者の言うことを真剣に聞き、医者を敬っているとは思えない。「いかでさあらん」（＝どうしてそんなことがあろうか、いや、あるはずがない）や、直後の「ひとごとのやうにのみ居たる」（＝他人事のように飲んでいた）の表現からも了解できよう。

現代語でもそうだが、敬語が必ずしも敬意を表す時だけに用いられるとは限らない。模擬テストの成績が悪かった時、母親から「あなたは普段からしっかり勉強なさっているから」と言われたら、その敬語は皮肉・嫌みである。ここでの医者への謙譲語は、敬意とは別のニュアンスを込めたものだと考えるといい。

この設問の答として求められているポイントの一つは、その「敬意とは別のニュアンス」の中身なのである。たとえば、「**医者の体面を保ってやる**」「**恩着せがましい**」「**もったいぶった**」「**そう言うのなら仕方がないから言うことを聞いてやるよといった姿勢**」といった説明があてはまるだろう。

……次のような解答例を示しておく。

答　✿✿✿

「のみはべらん」は「飲みましょう」という聞き手である医者へ敬意を表す丁寧表現で、医者の言葉を受け入れようとする尊敬の気持ちが表れているが、「のみてまゐらすべし」は「飲んでさしあげよう」の意となり、医者への敬意を表す謙譲表現をとりながら、医者の体面を保ってやるといった恩着せがましい気持ちが表れている。

「丁寧表現」と「謙譲表現」について明確に示し、それによって生じる「差異」をしっかり説明したい。五行にわたる分量となったが、これぐらい補って答えたいところである。

問三　内容説明の問題

「いまひとりのをのこ」の話に含まれているおかしさを説明させる問題である。第二段落を確認しよう。

▼第二段落前半部のあらすじ

医者が「この秋に必ずこの病気にかかるにちがいない。この薬をいまから飲みなさい」と言う。「いまひとりのをのこ」は「どうしてそんなことがあろうか、いや、あるはずがない。しかしそうおっしゃるのならば飲んでさしあげよう」と言って、他人事のように飲んでいた。

病気を予見した医者の言葉を信用しないにもかかわらず、予見された患者がやはりその薬を飲んでいる点がおかしさの一つ。口では医者の言葉を否定しながらも、心の片隅では不安を感じていたのであろう。患者は、「他人事のように」飲んだというが、人間心理の一端を見事に描いている。

▼第二段落後半部のあらすじ

「いまひとりのをのこ」はその薬を飲んでいたが、結局その病気も起こらず、いつもと変わったことがなかった。そして、「病気になるはずがないと思っていたが、あの薬は飲まなくてもよかったのに」と言った。

あるいは飲んだ薬が効いたために病気にならなかったかもしれないのに、やはり薬は不要だったと言い張っている点におかしみがある。

……以上をまとめると次のようになろう。

答

✿✿✿

病気を予見した医者の言葉を信用しないのなら、医者の勧めた薬を飲まなければよいのに、やはり不安なのかその薬を飲んでいるところがおかしさの一つで、さらに、飲んでいた薬が効いたから病気にならなかったかもしれないのに、それを無視して、自分の判断の正しさのみを言い張るところにもう一つのおかしさが感じられる。

「(本当なら)～なのに、…している」のように逆接でつなげると、「おかしさ」が説明しやすいだろう。こちらも五行分の解答となったが、「おかしさ」を説明するのにはこれぐらいは必要であろう。

問四　内容説明の問題

「作者の松平定信は何を言おうとしているのか」を説明させる問題である。「何を言おうとしているのか」に答えるには、まず本文を大きくまとめていくのがよいだろう。

▼**前半（第一段落）**

- ある医者が病気を予見した
- 患者は医者の予見を信用しなかった⇩結局その病気にかかった
  ⇩医者に合わせる顔がないと思った⇩他の医者に依頼した
- 他の医者は当てずっぽうとも思える治療をしてなかなか効果が出なかった⇩結局病気が治った
- 患者は他の医者に大いに感謝した

▼**後半（第二段落）**

- ある医者が病気を予見し、薬を飲ませた
- 患者は恩着せがましく飲んだ⇩結局病気にならなかった⇩薬を飲まないでもよかったのにと言い張った

次に、設問の「前半・後半を通じて」に注目して、二つの話に共通していることがらをおさえよう。それは、

的確な「病気の予見」をした医者（□で囲んだ医者）が、**必ずしも患者からよく扱われていないという点である**。前半の医者は患者を失うこととなり、後半の医者はどこか馬鹿にされている。
もう一つの目の付けどころは、**本文の見出しの**「くすしの先見」である。「先見」とは物事が起こる以前に見抜くことであるが、医者だから「病気を予見すること」である。
以上をもとに、解答を作る。解答枠が相当に大きいので、本文の内容を丁寧にかつ具体的におさえながらまとめよう。

答

医者の治療において、発病を正しく予見したのに感謝されず、発病の予見が正しかったかもしれないのに見向きもされない場合がある。一方、治療がうまくいかず患者を苦しめたのに偶然処方した薬が効いて大きな感謝を受けることもある。病気を未然に防ぐ予見が大切なのに、現実には評価されにくく、偶然何とか治した場合は効果が目に見えてわかりやすく評価される、ということ。

前半→後半→共通していることがらの順にまとめるとこのようになる。

これで、合格点はもらえるであろう。しかし、もう一歩進めて考えてみよう。「何を言おうとしているのか」という問いかけは、もう少し広い意味で**作者の主張・考え方を整理して書かせようとしているととらえることも**できる。たとえば次のような観点で「何を言おうとしているのか」を一般化して記述するのである。

a 専門家の先を見越した意見というものは正しく評価されないものだ。
b 人は将来を見通す先見の明を持つべきである。
c 正しい知見・処置が軽視され、結果のみが重んじられるのは愚かだ。

d　専門家の意見より、素人の独善的な判断が優先されるのは困りものだ。
「くすしの先見」という小見出しが付けられているように、「くすし」という専門家による、「先見」という先を見越した意見について述べられていることから、ａとｂの観点で書くのが適切かと思われる。次に、この観点を中心にまとめた模範解答を示す。

答

病気を正しく予見した医者が感謝されず、偶然行なった治療がうまくいった医者が大きな感謝を受けることもある。このように専門家の先を見越した意見・専門家としての技量が必ずしも評価されないことが多いのは困ったものである。そもそも人は将来を見通す先見の明を持たなくてはいけないし、そして先見性のある人には敬意を払い素直に従うべきである。

本文の内容は短めにまとめ、後半（「このように」以下）には作者の主張と考えられるものを一般化して書き込んである。

かつかつの合格点をねらうのか、最高の合格答案を書こうとするのかで変わってくると思う。力のある受験生なら後者を目標にしてほしい。

コラム2 「くすしの術」の「術」は？

『花月草紙』には「くすし」が出てくるこんな文章もある。

身分の上下を選ばず治療に心を尽くす医者がいた。貧しい男を診察し薬の調合を始めたところ、彼の母親が「薬箱の下の方に入っている薬をいただきたい」と言う。高価な薬は下段に入れてあると一般には思われていたらしい。この男に処方する薬はそこになかったが、医者は下段の薬のうち害にならないものを選んで調合したところ、母親は大いに喜んだという。

そして、筆者の松平定信は次のように続ける。

かくおろかなる者に、「この病には何といふ方剤調ずることなり。それは何々の薬を用ふ。この箱の上の方におのづから入れ置きたれば、取りいだして調ぜしなり。下に組みたる箱のとて、尊き卑しきのへだてなし。」と、まめだちて言ふとも、いかでか聞きわくべき。さはりなくばその心にまかするにてこそ、をかしかりけれ。

（こうした分別のない者に、「この病にはこれこれという薬剤を調合するものである。それはこれこれの薬を使う。この箱の上の方にたまたま入れておいたので、それを取り出して調合したのである。下に組み入れてある箱の薬だからといって、高級・低級の区別はない。」と、まじめな態度で言ったとしても、どうして理解することができようか、いやできないだろう。差し支えがなければ相手の望み通りにしてやるのが、よいのだ。）

私は、松平定信の考え方にいささか違和感を覚える。物のわからないヤツにあれこれ説明したって仕方がない、わかっているオレがちゃんとしてやるから、という上から目線の傲慢さを感じるのである。

そういえば、この文章の小見出しに「くすしの術」と書かれていた。「術」は医者の腕前、見立ての的確さをいうのだと思っていたが、あるいは「物のわからないヤツを丸め込む手段」なのかとさえ思ってしまう。作者の松平定信が幕府の老中を務めた政治家だと知ってますますその感を深くした。

3 「忍草」はある方がいいの？ ない方がいいの？

『手枕』（一九九〇年度―後期）

問題 別冊6ページ

難易度 B

出典

●『手枕』は、江戸時代の国学者である本居宣長作の擬古物語である。『源氏物語』の語彙と文体を真似ている。

●『源氏物語』の原文では詳細に書かれていない光源氏と六条御息所の関係の経緯を空想し、小さな物語とした作品である。

解答へのアドバイス

●登場人物ははっきりしており、ストーリーもおさえやすい。京大の出題としては易しい。

●江戸時代の作品であるが、平安朝の古文らしい語彙・文体で書かれていて、地道な学習の効果が発揮できる問題である。

口語訳

東宮（皇太子）でいらっしゃった時、その当時の大臣の正妻の生んだ子で、たいそうこのうえなく大切に育てていらっしゃった娘が、かねてからの願いがあって（東宮のもとに）参上なさったが、（東宮の）ご愛情は並々でなく、すばらしいご夫婦仲で、ひたすら心を込めたご夫婦の交わりが深かったので、たいそう美しくかわいらしい様子の女宮を、生み申し上げなさった。お二人は（女宮を）このうえなくいとしいものに思い申し上げなさって、明けても暮れても大切に育てるお子（＝秘蔵っ子）として、月日を過ごしなさっていたうちに、この（女）宮が四歳になりなさった年の秋、あっけないご病気の様子で、父宮（＝東宮）が急にお亡くなりになった。まだ若く元気なご年齢で、このように急にあっけなく東宮が亡くなりなさったことを、帝におかれても、たいそう惜しく思い嘆きなさり、世間の人も惜しみ申し上げない者はない。まして御息所のお心が思い乱れる様子は、ただ何もお思いになることもできず、過去のこともこれから先のことも真っ暗になって、ひどく心が乱れなさるのも道理である。長年またとない夫婦のご縁を、お互いにこのうえなく信頼しあいなさっていたので、ほんの少しの間でも、（東宮に）先立たれ申し上げては、生きているようにもお思いにならなかったけれども、死出の旅は、お心の思い通りにならないことで、（東宮の後を）慕って追い申し上げることがおできにならないのは残念で言いようもないことよ。幼い人（＝女宮）が、無邪気に、ふざけ回っていらっしゃるのをご覧になるにつけ、いっそうつらいお心を引き起こす種であって、かえって昔を思い出すつらいようすがであるようだ。

解説

問一　現代語訳の問題

語句に即して丁寧に訳をしていこう。この設問の解答枠はすべて横幅四㎝であるが、昔の問題では解答枠と解答文字数とが厳密に呼応していないことがある。ここは文字数が最も多くなる**問一**の**(3)**にあわせて解答枠を作ったと思われる。したがって、模範解答も無意味な引き延ばしはせず、必要最小限の補いのみとした。

(1)▼二ところ……「**ところ**」は貴人の人数を数えるのに用いる。ここは「二人」、東宮と御息所の二人をさす。

▼あはれなる……「あはれなり」は多様な訳語があてはまるが、ここは「女宮」につくので、「いとしい・かわいい」がふさわしい。
▼明暮……「明けても暮れても」「いつも」の意。
▼かしづきぐさ……「かしづく（↑かしづき）」は「大切に育てる」の意、「ぐさ」はその動作の素材・対象となるもので、「大切に育てる対象」が直訳である。「秘蔵っ子」あたりがぴったりだと思うが、「大切に育てる子」でいいだろう。

答 ✿✿✿

お二人は女宮をこのうえなくいとしいものに思い申し上げなさって、明けても暮れても大切に育てるお子として、月日を過ごしなさっていたうちに、

「女宮を」の補いは必須。敬語も一つ一つ丁寧に訳すこと。

(2)
▼あへなき御事……「あへなし（↑あへなき）」は「あっけない」の意。「御事」は「東宮が亡くなられたこと」のように言葉を補いたい。
▼おほやけにも……ここの「おほやけ」は「帝」をさす。直後の「に」は主語を表す格助詞。身分の高い人物が主語となる場合の用法で、「におかれても」の訳となる。
▼あたらしう……「あたらし（↑あたらしう）」は「惜しい」の意。
▼おぼしめしなげき……「おぼしめす（＝お思いになる）」と「なげく」の複合動詞だが、「お思いになって嘆き」とするのではなく、両方の動詞が尊敬となるように「思い嘆きなさり」と訳すのがよい。

答 ✿✿✿

このように急にあっけなく東宮が亡くなりなさったことを、帝におかれても、たいそう惜しく思い嘆きなさり、

「御事」の内容が示せたか、「おほやけに」の訳がうまくいったか、で差がつくだろう。

(3)

▼年ごろ……「長年」の意。

▼御ちぎり……「ちぎり」には、「①約束、②前世からの因縁・宿縁、③夫婦の縁」の意味があるが、ここは③が最適であろう。

▼かたみに……「お互いに」の意。

▼たのみかはし……「信頼しあい」の意。

▼おくれ……「おくる（↑おくれ）」は「先立たれる」の意。ここは、御息所が東宮に先立たれたのである。

▼世にあらんもの……「世にあり（↑世にあら）」は「生きる」の意。

答 ✿✿✿

長年またとない夫婦のご縁を、お互いにこのうえなく信頼しあいなさっていたので、ほんの少しの間でも、東宮に先立たれ申し上げては、生きているようにもお思いにならなかったけれども、

「おくれ奉り」に「東宮に」と補えたかがポイントとなる。

(4)

▼かぎりある道……寿命には限りがあるので必ず行かなくてはならない道のことで、「死出の旅」の意。

▼御心にもかなはぬわざにて……「かなはぬ」は「思い通りにならない」の意。

▼えしたひきこえさせ給はぬ……語句に即した訳なら「慕い申し上げることがおできにならない」となる。東宮の後を追って死ぬことをさす。

▼くちをしういふかひなきや……「くちをし（↑くちをしう）」は「残念だ」、「いふかひなし（↑いふかひなき）」は「言いようもない」の意。

答 ✿✿✿

死出の旅は、お心の思い通りにならないことで、東宮の後を慕って追い申し上げることがおできにならないのは残念で言いようもないことよ。

「したひきこえ」の具体的な内容を示した解答とした。

問二 内容説明の問題

ポイントになるのは「なかなか」と「忍草」である。辞書では次のように説明されている。

【なかなか】……中途半端でどっちつかずのさまをいい、さらにそこから、中途半端であるよりはいっそない方がよい、などの意味にも用いる。

［形容動詞］①中途半端である・どっちつかずだ、②中途半端でかえってよくない・ない方がむしろよい

［副詞］①中途半端に・なまじっか、②かえって・むしろ

【忍草】……①植物の名。ノキシノブの別称。②昔を思い出すよすが。

辞書の訳語をそのまま当てはめるなら、「**かえって昔を思い出すよすが**」「**ない方がむしろよい昔を思い出すよすが**」となるが、そんな直訳では意味がわからない。ここは、内容を丁寧に説明することが求められているのである。

まず、ここに至る状況を整理してみよう。

- **東宮**と**御息所**はすてきな夫婦仲であった。
- **女宮**が生まれ、二人は大切に育てていた。
- **女宮**が四歳の年、**東宮**が急に亡くなった。
- **御息所**は生きていられそうにもなかった。

そして、傍線部を含む一文になるのだが、仮に、ニュアンスの微妙な「なかなかの」を取り去って訳をしてみよう。

▼幼い人（＝女宮）が、無邪気に、ふざけ回っていらっしゃるのを（御息所が）ご覧になると、いっそうお心を引き起こす種であって、昔をなつかしく思い出すよすがであるようだ。

ここの「お心を引き起こす種」「昔を思い出すよすが」は、幼く無邪気な姫宮が亡き東宮のことを思い出させるきっかけになったことをいうのだから、「なつかしむお心を引き起こす」「なつかしく思い出す」と考えるのが常識的であろう。

ところが、「忍草」に「なかなか」が付くとどうだろうか。むしろそんなよすがはない方がよいというニュアンス、否定的な思いが込められることになる。つまり、亡き東宮を思い出すきっかけなどない方がよかったということになり、なつかしいどころかむしろ「つらく、苦しい」ということを表すことになるのである。訳は次のようになる。

▼幼い人（＝女宮）が、無邪気に、ふざけ回っていらっしゃるのを（御息所が）ご覧になると、いっそうつらいお心を引き起こす種であって、なつかしく思い出すどころかかえって昔を思い出すつらいよすがであるようだ。

……以上を踏まえて、次のような模範解答を示しておく。

答

✿✿✿

忘れ形見の女宮の無邪気な様子を見ることによって、亡き東宮のことをなつかしく思い出すよすがとなり御息所の心が慰められるはずなのに、かえってその死去の悲しみを再び思い出させるきっかけになってしまってつらいということを言っている。

「慰められるはずなのに、かえって」と逆接でつなげるところがポイントである。

コラム3 「なかなか」に込められた思い

問二で出てきた「なかなか」は、入試問題では頻出で、最近の京大古文でも何回か取り上げられている。

一つ目は、二〇〇九年度理系の『源家長日記』。更衣を亡くした上皇が、残された幼い若宮を見て更衣を思うきっかけとなるという一節。

若宮の参らせ給へりしこそ、「御忘れ形見もなかなかなる御もの思ひの催しぐさなりや」と、おぼしめすらむかし。

（若宮が参上なさったことで、「更衣の御忘れ形見の若宮もかえって悲しみをあらたにするきっかけであるよ」と、お思いになっているのだろうよ。）

『手枕』と似た設定である。上皇にとって、寵愛した更衣の忘れ形見である若宮との対面は本来ならうれしいはずなのに、若宮が更衣を思い出させることによって、かえってその死去の悲しみを再び思い起こさせるきっかけになってしまい、つらいということをいっているのである。

二つ目は、二〇一四年度文系の『とはずがたり』。不安な思いで悲しみに沈んでいる作者が、かつての恋人からどうしたのかとやさしく声をかけられるという一節。

「いかなることぞ」など尋ねらるるも、「問ふにつらさ」とかやおぼえて、物も言はれねば、

（「どうしたのか」と尋ねなさると、私は「問ふにつらさ」とか思われて、物も言うことができないので）

ここは本文に「なかなか」が出てこない。「問ふにつらさ」は「忘れてもあるべきものをなかなかに問ふにつらさを思ひ出でつる」という和歌を踏まえた表現で、「忘れていたらそれまでだったのに、慰めの言葉をかけられて、かえってつらさが募る」の意味である。われわれもそうだが、落ち込んでいる時にやさしい言葉をかけられて、慰めになるどころか、よけいにつらくなり涙がどっと出たなんてことがあると思う。それを「なかなか」という言葉を用いて表しているのである。

4 「姫君」は何を考え、「若君」は何を考えているの？

『しのびね』（二〇〇三年度―前期） 問題 別冊8ページ 難易度 B

出典

●『しのびね』は、平安時代末期に成立して散逸した王朝物語で、南北朝時代に改作された本文が流布したらしい。
●典型的な悲恋遁世譚である。この後、姫君は帝の寵愛を受けることとなり、中将は横川で出家する。表題の「しのびね」は、悲恋にしのび泣く姫君を表している。

解答へのアドバイス

●リード文を読めば人物関係もわかり、ストーリーもおさえやすい。京大の出題本文としては易しいと言えよう。
●この時代の古典常識や現代にも通じる社会常識を前提とした設問があり、最近の受験生は手こずるのではないか。

口語訳

姫君は、みっともなく、そうばかり思い沈んでいると（中将に）見られ申し上げないでおこうと、そうでない様子にふるまいなさるけれども、心に思うことが、どうして表れないことがあろうか、いや表れてしまうのだ。内大臣は、若君を迎え申し上げようとして、（迎える）日まで決めなさるので、「若君までもがいなくなっては、（姫君は）やはりどんなにか寂しいだろう」と（中将は姫君を）かわいそうだとお思いになる。また「（内大臣が）若君をご覧になったら、（若君の）母君のことを、そうばかり無情に見捨てなさらないだろう」と思うにつけ、一方ではうれしくて、「（内大臣が）若君を迎えようとおっしゃっている。そのつもりでいらっしゃい。あなたの寂しさはおつらいにちがいない」とおっしゃるので、（姫君は）またこのことまでも悲しくて、（若君が）生まれなさった日から、片時たち離れることもなくて、（その状態に）慣れなさっているので、恋しいにちがいないけれども、（若君が）内大臣の邸宅へおいでになったなら、一人前になりなさるような時にもよいことだと（姫君は）思い慰めなさって、若君の装束などを用意なさる。

（引き取られるのが）いよいよ明日という日は、（中将と姫君は）一緒にいつものように尽きないお話しをなさる。姫君は、若君をお膝において、たださめざめと泣きなさるので、（若君は姫君の）お顔をじっとみつめて「どうして泣きなさるのか。小車がほしいのか」と言って、かわいらしい御手で、（姫君の）涙をかき払ひなさるので、（姫君は）どうしようもなく悲しくて、「お前を見ることができなくなるので、恋しくなるだろうと思って泣くのだよ」とおっしゃると、（若君は）「どうしてご覧になることができないのか。よくご覧ください」と言って、お顔を押し当てなさるので、（姫君は）我慢できる気持ちもせずむせび泣きなさるので、中将も涙にくれて、ものもおっしゃらない。

解説

問一 心情説明の問題

(1) 「中将の思いを、わかりやすく説明せよ」という問である。

▼「いたはし」は「気の毒だ・かわいそうだ」、「思す」は「お思いになる」の意で、傍線部①は「**かわいそうだとお思いになる**」の訳となる。

▼その具体的な内容をおさえるには、「と」で受ける直前のカギカッコ部分に注目したい。「これまでもがなくては、やはりどんなにか物寂しいだろう」の意である。リード文の「内大臣が若君を自邸に引き取って育てることになったと告げられる」や、本文二行目の「殿は、若君迎へ奉らんとて、日まで定め給へば」から、「これ」は若君であるとわかる。「物寂しい」の内容は「若君が内大臣邸に引き取られていなくなること」、「物寂しい」の主語は姫君である。

……以上を踏まえて、まとめた答案は次のようになる。

答 ★☆☆

若君が内大臣の邸に引き取られていなくなったのでは、姫君はどんなにか物寂しいことだろうとかわいそうに思っている。

京大は、これでは合格点はくれない。これはまだ第一段階なのである。

▼「これさへなくて」の「さへ」は、添加を表す副助詞で「～のうえに～までも」の意味である。まず姫君を悲しませる要素が一つあり、そのうえに「若君がいなくなる」ということが加わるという文脈なのである。「まず一つ」はリード文からもわかるように「夫の中将が権勢家の娘と結婚する」ことである。「さへ」を含む部分の説明を求められているのだから、この要素は必須である。

……「さへ」の説明のために、「まず一つ」の内容（波線部分）を加えた模範解答を示す。

答 ★★★

夫の中将が権勢家の娘と結婚するうえに、二人の間にできた若君まで もが内大臣の邸に引き取られていなくなったのでは、姫君はどんなにか物寂しいことだろうとかわいそうに思っている。

「～のうえに～までも」という形で「さへ」を説明した解答。「若君」に関する若干の説明も加えて、一行あたり三十字という文字数でまとめた。

(2)「中将の思いを、わかりやすく説明せよ」という問である。

▼傍線部の「うれしく」の理由は、直前の「と思へば」を受ける部分に示されている。「若君を見給ひては」は「若君をご覧になったならば」で、引き取って見ることになる内大臣が主語である。「さのみなさけなく思し捨てじ」は「そうばかり無情にもお見捨てにならないだろう」で、内大臣が母君を見捨てないことをいう。

……以上を踏まえて、答案の第一段階。

答 ✿✿✿

内大臣が若君をご覧になったら、母君を無情に見捨てなさらないだろうとうれしく思っている。

▼直訳なら許容だが、京大の説明問題としては不十分だ。「若君を見たら、母君を無情に見捨てない」のはなぜか。それは「**かわいい孫を見たらそのかわいさゆえに**、おじいちゃんはその子の母親を邪険に扱うことはないだろう」ということだが、普通の大人なら理解するはずの社会常識を踏まえて考える必要がある。古文常識ではない。大人の常識とでも言えよう。最近の受験生は、ここらあたりの書き込みに手こずりそうだ。

……これを踏まえた、答案の第二段階。波線部分を書き加えている。

答 ✿✿✿

内大臣が孫の若君をご覧になったら、そのかわいさのあまり、その生母である姫君を無情に見捨てなさらないだろうとうれしく思っている。

▼ここまできても、京大の説明問題の答案としてはまだ甘い。「かつはうれしくて」の「かつは」を説明していないからである。「かつは」は「一方では」の意で、前の**(1)**の部分から「一方ではかわいそうで」という意**味が裏に隠されているのである。**そこの内容を具体的に書き込むのが京大の説明問題なのである。

……これを含めた模範解答を示しておこう。

答 ✿✿✿

姫君の手もとから若君を引き離すのはかわいそうだが、その一方で内大臣が孫の若君をご覧になったら、そのかわいさのあまり、若君の生母である姫君を無情に見捨てなさらないだろうとうれしく思っている。

「かわいそうだが、その一方で」と補うことで、「かつは」の裏に隠されている意味を示している。

問二 現代語訳の問題

三つの文に分けて解説しよう。

▼**あこをこそ迎へんとのたまへ。**……「あこ」は注により「若君」。「迎へんとのたまへ」は「若君を自邸に迎えようとおっしゃる」の意で、「のたまへ」の主語は、リード文とここまでの文脈から「内大臣」と決まる。ちなみに「のたまへ」は命令形ではなく、「こそ」の結びで已然形と考えるのがよい。

▼**さ心得給へ。**……「さ」は「そのように・そう」、「心得」は「納得する・承知する」の意で、「そのように納得する・そのつもりでいる」のような訳となる。ここの「給へ」は命令形で、訳は「〜してください」となる。主語はこの会話の聞き手である「姫君」であるが、会話文中なので、訳は「あなた」となろう。

▼**御つれづれこそ心苦しかるべけれ**……「つれづれ」は「手持ちぶさた・しんみりと物寂しいさま」の意味である。直前に「御」が付くので「あなたの」であり、前半部分は「あなたの手持ちぶさたで物寂しいさま」となる。「心苦し（←心苦しかる）」には、「①（自身の心のつらさを言って）苦痛を感じる・つらい、②（他人のつらさを言って）気の毒だ・いたわしい」の意味がある。「べし（←べけれ）」は推量の助動詞で、後半部は次のように二種の解釈が想定できる。

ア（**あなた自身は**）つらいにちがいない。／苦痛を感じるにちがいない。（「心苦し」の①の意味）

イ（**私はあなたのことを**）気の毒に思うだろう。／いたわしく思うだろう。（「心苦し」の②の意味）

「心苦し」と感じる主体が「姫君（＝あなた）」（ア）か「中将（＝私）」（イ）かによって解釈が分かれることになる。アの「あなたはつらいでしょう」という言い方は、どこか突き放したような冷たさがあるので、ここは同情して相手に寄り添う思いを言うイを模範解答としたい。また、「つれづれ」に「御」が付き、「心」に尊敬の語が付いていないことから、「心苦し」の主語は話し手である「中将」と考えられる。ちなみに、京大が「各文の主語を明らかにして」と指示したのは、この文では「心が痛む・気の毒に思う」の主語としての「私」を書かせたかったのだろうと推測する。

……以上を踏まえて、模範解答を示しておく。最小限なら(a)、言葉をたっぷり補うなら(b)となろう。

答(a)

内大臣が若君を迎えようとおっしゃる。あなたはそのつもりでいてください。あなたの物寂しさを私は気の毒に思うだろう。

「内大臣が」「あなたは」「私は」という三つの主語の補いは必須である。

答(b)

内大臣が若君を自邸に迎えようとおっしゃっている。あなたはそのつもりでいてください。若君と離れた後のあなたの物寂しさを思うと、私は気の毒でいたわしくなるだろう。

最後の文はたっぷり言葉を補って丁寧に訳した。一行の文字数が二十六字となっている。

問三

心情説明の問題

「姫君の思いはどのようなものか、わかりやすく説明せよ」という問いかけである。

▼まず、「と」で受ける直前の部分「殿へおはしては、人となり給はんもよきこと」を考えよう。「殿へおはしては」は、若君が祖父である内大臣邸に引き取られ育てられること、「人となり給はん」は、若君が一人前の人物となることをさしている。それがなぜ「よきこと」なのだろうか。平安の貴族は、有力な保護者の後見のもと、朝廷での地位を確保するというのが古文常識である。これから元服して官職を得ようとする男の子にとって有力な保護者たり得るのは、それなりの地位をもつ父親・祖父などであろう。ここでは内大臣である祖父はそれにふさわしい。つまり、**不安定な立場である母の姫君に養育されるよりは、内大臣の祖父のもとで育てられる方が、若君の将来にとって「よきこと」と言える**のである。

……以上から、次のような答が想定される。

答

わが子の将来を考えれば、自分の手もとに置くよりも内大臣家で育てられた方がよいことだと思う。

▼これだけでは、「思しなぐさめて」の説明として不十分。「なぐさむ（←なぐさめ）」は「心を晴らす・気を紛らわす」の意なので、「思しなぐさめて」は「思って心を晴らしなさる・気を紛らわしなさる」となる。したがって、「姫君の思い」を説明するには、**《こういう状況なのだが》《これこれのように》思うことで心を晴らす**と書き込む必要がある。《こういう状況なのだが》は「生まれ給ひし日より、片時立ち去ることもなくて、ならひ給へば、恋ひしかるべけれども」に示されている。ちなみに、《これこれのように》は一つ前の▼で示した。

……二つの要素を説明した次のようなものが模範解答となる。

答 ✿✿✿

若君が生まれた日から一時も離れることのない状態に慣れているので、いなくなると恋しいだろうが、わが子の将来を考えれば、自分の手もとに置くよりも内大臣家で育てられた方がよいことだと気を紛らわしている思い。

波線部分のように、「いなくなると恋しいだろう」と思う状況を具体的に示すとちょうど四行ぐらいとなる。

……後半部は、多様な記述の仕方がある。「内大臣に引き取られれば成人して朝廷に仕える際には地位が保証されるだろうから好都合」のように具体的に書き込むこともできるし、「気を紛らわせる」は「無理に自分を納得させようとする」もいいだろう。模範解答の二つ目である。

答 ✿✿✿

若君が生まれた日から一時も離れることのない状態に慣れているので、いなくなると恋しいだろうが、内大臣に引き取られれば成人して朝廷に仕える際には地位が保証されるだろうから好都合だと、無理に自分を納得させようとする思い。

後半をさらに踏み込んで説明し、一行あたり三十字となった。

問四 内容説明の問題

設問は、「母親のどのような態度・言葉を、（若君は）どのように理解して言った言葉なのか」と解答の書き方を導いてくれている。この形式にあわせて答えるといい。

(5)▼傍線部の若君の言葉は、「どうして泣きなさるのか。小車の玩具がほしいのか」の意味である。母が泣いているのを見て、**若君は事情がわからず、母は玩具がほしいから泣いているのかと考えた**のである。解答には、**母が泣いている事情、若君がどういう思いなのか**を丁寧に記述する必要がある。現在の日常でもあり得る社会常識の範囲のものだろう。

……たっぷり説明を施した模範解答を示しておく。

答

自分を膝の上においてさめざめと泣いている母を見て、若君は明日から自分と別れて暮らすことを思って悲しみのあまりに泣いているとは思いもよらず、自分の体験の範囲で、好みの玩具が与えられず悲しくて泣いているのだと理解して言った言葉。

母はこういう事情で泣いているが、若君はこう理解している、という順でまとめればよい。

(6) ▼傍線部の若君の言葉は、「どうしてご覧になることができないのか。よくご覧ください」の意味である。直前の母君の言葉を受けたものである。「まじ（←まじき）」は不可能の意味を表す助動詞、「恋ひしからんこと」は「恋しいようなこと・恋しくなるだろうこと」の意味で、「**お前を見ることができなくなるので、恋しくなるだろうと思って泣くのだよ**」なのだが、事情を理解できない若君には、「お前の顔を見ることができない」は、**文字通りの意味にしか受け取れない**。だから「ちゃんと見てください」と言ったのである。

……これも丁寧な説明が要求されている。

答

これからは若君の姿を見ることができなくなるのでつらくて泣くのだという母親の言葉が、若君との別れについて言われているものと理解できず、「顔を見ることができない」という言葉を文字通りに受け取り、自分の顔を近くに寄せて見てもらおうとして言った言葉。

この問題の解答例のいくつかは、一行あたり三十字となっている。二十五字が標準だと思われるが、丁寧な説明をするためにたっぷり文字数をとった。少し窮屈だが、時には内容優先の処理も必要だろう。

コラム4 わが子を手放す母の思いあわれ

母親が自分の産んだ子どもを泣きながら手放すというのは、物語ではよく見られる。そこには社会のありようやそれぞれの人の事情がからみ、複雑な人間模様が展開される。よく知られているものを二つ紹介しよう。

一つ目は、『源氏物語』「薄雲」の一節。光源氏が明石で結ばれた明石の君と、二人の間に生まれた明石の姫君との別れの場面である。明石の君は姫君と京都郊外の大堰の山荘に住まいしていたが、光源氏は母と引き離し姫君を洛中の二条院に連れて行くことにする。二条院での養い親は光源氏の正妻格の紫の上である。将来姫君が入内ということになれば、母が国司の娘である明石の君では不都合で、養母にせよ身分のある紫の上に育てさせる方が姫君のためだというのが光源氏の論理である。ただ、明石の君は何ともやりきれない思いであろう。

明石の姫君が母のもとを去って行く場面はこのようである。

姫君は、無邪気に、お車に乗ることを急ぎなさる。車を寄せてある所に母君自身が姫君を抱いてお出になる。（姫君が）片言の、声はたいそうかわいらしくて、母君の袖をつかんで乗りなさいと引っぱるのも（母君には）悲しく思われて、

子どもの無邪気なさまは、『しのびね』と同じである。

二つ目は、『蜻蛉日記』の一節。かつては兼家の寵愛を受けていた「源兼忠の女」は女の子を儲けたが、父兼忠が亡くなった後、幼い女の子を抱えて生活に困り、志賀山の東麓にわび住まいをしていた。一方、子どもが道綱だけで、女の子がいないので寂しい思いをしていた作者は、その子を養女として迎えようとする。「源兼忠の女」としては、娘を作者のもとに預ければ、父親が目をかけてくれるかという期待を込めてのことであろうが、わが子を手放す決断には痛切な思いがあったことが作者にもよくわかるだけに、作者の心情も複雑である。

別れの悲しみを描きながらも、そこになにがしかの希望・期待を込めているのは、『しのびね』の問三にも通じる思いである。

第二章　和歌と文章のコラボ

この章では和歌を含む文章を扱う。「和歌」を理解するには、単語・文法の知識をもとに和歌自体を正しく解釈するのは当然だが、その和歌が文章の内容とどう関連しているのか、どんな位置づけなのかを見抜くことも必要である。和歌を含む文章では、文章読解と和歌読解が密接に関連しているのである。それを「和歌と文章のコラボ」と名付けた。京大の古文を学習するうえでは最も大切な分野の一つである。

1 あの人のすることなら、私は何でもうれしいの。

『女郎花物語』（二〇一〇年度―理系）

問題 別冊10ページ

難易度 A

出典

- 『女郎花物語』は、江戸時代前期成立の仮名草子。北村季吟著と言われている。
- 有名無名の女性が詠んだ歌をもとに、説話風に構成されている。

解答へのアドバイス

- 理系学部のみの問題である。文系と理系で別々の問題が出るようになってからまもなくの頃の出題で、かなり易しい。基本的な学力が問われている。
- すべて標準的な現代語訳の設問であるので、頻出古語・基本的な文法の知識をもとに丁寧に取り組みたい。

口語訳

近頃のことであろうか、筑紫の探題であった人が、時世が移り変わって、昔のようでもなく落ちぶれてしまったので、知り合いだった友人で、現在探題を務めている人を頼って、筑紫へ下りましたが、京に残しておいた妻は、家は貧しいけれども、賢い人であって、あれこれ工夫して、子どもを育てていましたが、どのようなつてをたどってでも

（筑紫にいる）夫の様子を聞きたいと、朝夕待ちわびていたちょうどその時、（夫が）筑紫より手紙をよこしたので、喜んでこの手紙を見ると、京に残した妻が貧しい生活を辛抱している様子に自然と思いをはせずにはいられなくて心が痛むということなどを書きつづって、宰府絹をたくさん、その他もさまざまの物を、大量に都へ送ることを書きつらねていたので、たいそううれしくて、さらに読み続けていくその奥に、宰府絹やその他さまざまの物が実際に手もとにあるならば、この手紙に書いたように送りたいものだと、冗談を書いています。女はこの手紙を顔に押し当てて、泣きながら思うことには、本当にこのいろいろな品物が現実にあるならば、そのように都へ送りたいと思いなさったのでしょうが、ご自身でさえも人を頼って（筑紫へ）下りなさるほどの御事情であるので、どうしてすべてにつけてお気持ちの通りになることもおありであろうか、いやあるはずもないと、想像するにつけ、不憫で気の毒で悲しくて、涙ながらに返事を書いたその奥に、

　愛情のある方からのうそは、誰の本当よりうれしいことだなあ。

と詠んで、子どもを何とかして育てていますということをさりげなく書き送り申し上げましたという。

解説

問一　現代語訳の問題

現代語訳は、まず語句に即して逐語訳をするのが基本である。ここでは「適宜ことばを補って」という条件がついているが、内容を理解してどのような要素を補えばいいのかを工夫することになる。

(1)▼いかなる便りにても……「いかなる」は「どのような・どんな」の意。「便り」は〈頼みとなるもの・すがることができるもの〉が原義で、ここの「便り」は「手紙」とは限らず、うわさ話であってもよいという感じである。「つて・機会・手段」のような訳となる。「にても」は「～でも・～であっても」の意。

▼聞くべき……この「べき」は意志の助動詞「べし」の連体形。連体止めの用法と考えられる。
以上から逐語訳は、「**どのようなつてでも男の様子を聞きたい**」となる。ただし解答枠が二行分あるので、わかりやすく言い換えたり、言葉を補ったりして、より良い答案にしよう。

答

✿✿✿

どのようなつてをたどってでも筑紫にいる夫の暮らしぶりを聞きたい

「つてでも」は「つてをたどってでも」と補うとわかりやすい。また、「男の様子」についても「筑紫にいる夫の暮らしぶり」と具体化している。

(2)▼在京の堪忍……「在京」は「京にいること」の意で、「堪忍」は「堪え忍ぶさま」の意。
▼おもひやられて……「おもひやら」は、動詞「おもひやる」の未然形で、「思いをはせる・想像する」の意。
「れ」は自発の助動詞「る」の連用形で、「自然と〜してしまう・〜せずにはいられない」の意。
▼心ぐるしきよし……形容詞「心ぐるし（←心ぐるしき）」は、自分や他者に対して心を痛める意を表し、「①つらい・心が痛む、②気の毒だ・かわいそうだ」の訳語がある。ここでは「心が痛む」と訳しておくが、「気の毒だ」も許容だろう。「よし」は「由」で、「こと・〜ということ」の意。
以上から逐語訳は、「**京にいることの堪え忍ぶさまに自然と思いをはせずにはいられなくて心が痛むということなどを書きつづって**」となる。「在京の堪忍」は**直前の文脈**を踏まえて丁寧に補いたい。解答スペースが大きいので、工夫が必要である。

(3)

答

京に残した妻が貧しい生活の中で子どもを育て堪え忍んで生活している様子に自然と思いをはせずにはいられなくて心が痛むということなどを書きつづって、

「在京」は「京に残した妻」、「堪忍」は「貧しい生活」「その中で子どもを育てている苦労」などと具体的に書き込むといいだろう。

▼あらば……「ば」は仮定条件を表し、「あらば」で「あるならば」の意。

▼かくこそ……「かく」は「このように」の意。

▼やらまほしけれ……「やら」は動詞「やる」の未然形で、「送る」の意。「まほしけれ」は助動詞「まほし」の已然形で、「こそ」と係り結びとなっている。「まほし」は希望の助動詞で「〜たい」の意。

以上から逐語訳は「**あるならばこのように送りたい**」となる。補いの一つ目は、「あるならば」の主語にあたる部分。傍線部(2)の直後の「**宰府絹あまた、その他もさまざまの物**」が該当する。「実際に手もとに」のように言葉を加えるとわかりやすい。補いの二つ目は「このように」の具体化。手紙中には「おびただしく上すよしを書きつらねければ」とある。三つ目は**誰に**「送る」のかを補うとよい。

答

宰府絹やその他さまざまの物が実際に手もとにあるならば、この手紙に書いたように都のあなたに送りたい

(4)

▼いかでか……「いかで」には、「①（疑問）どうして（〜か）、②（反語）どうして（〜か、いや〜でない）、③（願望）何とかして（〜たい）」の意味がある。「いかでか」でも同じ意味となる。

▼御こころにかなふ……「お考えにかなう」「お気持ちの通りになる」の訳となる。

▼事もおはすべき…「おはす」は「あり」の尊敬語で、「いらっしゃる・おありである」の意味。「べし（↑べ

き)」は推量の助動詞。
以上から、「よろづ」以降の逐語訳は「すべてにつけてお気持ちの通りになることがおありであるだろう」となるが、「いかでか」の意味は文脈から決める。この男はかつて筑紫の探題であったが、今は落ちぶれて友人を頼って筑紫へ下ったとあり、豊かな暮らしぶりとは思えない。ましてや京に残した妻が貧しい暮らしをしているとある。よって、「いかでか」は反語と考えて、次のように訳したい。

答 ✿✿✿

どうしてすべてにつけて夫のお気持ちの通りになることもおありであろうか、いやあるはずもない

「〜か、いや〜でない」のように、反語であることを明確に示すこと。

問二 和歌の現代語訳の問題

「現代語訳」が求められているので、まずは語句に即して逐語訳をするのが基本である。ただ、この和歌が詠まれるまでの状況・詠み手の心情を踏まえて理解する必要があろう。

▼こころざしあるかたより……「こころざし」は名詞で「志」の漢字をあてる。「①本意・意向、②愛情・誠意、③贈り物」等の意味があるが、ここは②の意味である。「かた」も名詞で、「方」「人」の意。

▼たがまこと……「た」は名詞で「誰」の漢字をあてる。ここが、難しい。「誰の本当」の訳となるが、和歌全体の内容をおさえて考える必要があろう。

▼うれしかりけり……「けり」は詠嘆の助動詞。

以上から逐語訳は「愛情のある方からのうそは、誰の本当よりもうれしいものだなあ」となる。
次に、この和歌が詠まれるまでの状況をおさえておこう。

—●男は、今は落ちぶれて友人を頼って筑紫へ下っていた。—

●女（妻）は、子どもとともに京に残り貧しい暮らしをしていた。
●男からの手紙が届き、京での妻の貧しい生活を思うと心が痛むと書いてある。
●九州名産のさまざまの物を京へ送ると書いた後、あったら送れるのだが…と冗談ごとにしてある。
●女は、夫は万事思い通りにならないのだろうと想像するにつけ、不憫で気の毒で悲しく思った。
●そして、女が涙ながらに書いたのが、この和歌である。

さらに、この歌を詠んだ詠み手である妻の心情を考えよう。

こんな物をたくさん送る、と言った夫の言葉は実はうそなのだが、妻はそれを非難してはいない。万事思い通りにならない夫の境遇を理解し、不憫で気の毒で悲しく思っている。むしろ自分に対する愛情を感じているのである。これと対応させて言われているのが「たがまこと」で、「愛情のない他の誰の本当の言葉」ということになる。

特に「補い」を求める条件はついていないが、三行という解答枠を考慮して模範解答を作ってみた。ただ、「うそ」の内容をどのように具体化するかで困ったので、二種示しておく。

答(a)

愛情のあるあなたから届いた手紙に書いてあるうそは、愛情のないあなた以外の誰の真実の言葉よりもうれしいものだなあ。

「うそ」の内容を具体的には示さないパターン。現代語訳としてはこれで問題ない。

答(b)

愛情のあるあなたからの、私の暮らしを気遣って品物を送ろうというそは、愛情の込もらないあなた以外の誰の本当の言葉よりうれしいことだなあ。

「うそ」の内容を「品物を妻のもとに送ること」と具体的に説明した解答。「補え」という指示があればこう答える。

コラム 5　古文の文章内容と和歌は一体のもの

大学入試の古文の問題では、和歌が問われることが多い。京大古文でも頻出で、半数以上の問題で和歌が出ている。ただ、一首あるいは数首の和歌だけが単独で問われることはない。物語・日記・説話などの文章の中に和歌が入っていて、その和歌の現代語訳・内容理解を問う設問である。

「和歌は和歌《ワカ》らん」などとダジャレを言っている場合ではないぞ！　和歌理解のポイントは、《古文の文章内容と和歌は一体のもの》という意識を持つことである。古文本文と切り離して和歌だけを単独で理解しようとすると「ワカらん」となってしまう。

二〇〇八年度理系の古文（**『唐物語』**）に、次のような和歌を現代語訳させる設問が出題された。

　ことわりや契りしことのかたければつひには石となりにけるかな

逐語訳は「もっともなことであるよ。男女の契りが堅固であったので、ついには石となったのだなあ」だが、これだけでは「石となった」の部分がよくわからない。

この和歌に至るまでの本文は次のようである。

　男と女は、末長く愛しあうと将来を約束したが、夫が亡くなってしまった。女は生きている心地もしない思いだった。求婚する男もいたが、女は固く独り身を通し亡くなった。そして、その屍は石となり、里の人々は「望夫石」と言った。

女の意志が堅固だったので、固い石になったという言葉の遊びや、その石を「亡き夫の面影を求める石」と呼んだことの意味合いがわかってはじめて歌が理解できるのである。現代語訳の際にもそうした内容を踏まえて次のようにするとよい。

　もっともなことであるよ。妻が夫といつまでも連れ添おうと約束したことが堅固であったので、ついには、亡き夫の面影を求める女の屍が固い石となったのだなあ。

2 「露ぞこぼるる」は何がこぼれているの？

『苔の衣』（二〇一二年度―理系）

問題 別冊12ページ

難易度 A

出典

●『苔の衣』は、中世の擬古物語。平安時代の王朝物語を模して作られたものである。

●前半は『落窪物語』などと似た継子いじめの物語、後半は『源氏物語』などの影響の濃い恋愛物語となっている。

解答へのアドバイス

●理系学部のみを対象として出題された問題である。本文は短く、人物関係も複雑ではないので、大まかな内容を読み取るのは易しそうだが、傍線部を正確に理解して記述するのは大変で、文系学部並の問題である。

●特に、**問二**では「御手なども」が持つ意味合い、**問三**では「風景」と「心情」の二重性を理解することが求められている。

口語訳

何となくしんみりとした仏道修行の合間に、昼ごろ姫君のお部屋へいらっしゃったところ、宰相の乳母や侍従など二、三人ほどが伺候して、今は亡き北の方の御ことなどを話しているのだろうか、しょんぼりしてみんなで物思いにふけっている。姫君は小さい几帳を引き寄せて（それに）寄り添い横になっていらっしゃった。歳の程よりもたいそう大人びていて、北の方のことを尽きることなく思い嘆きなさっているからであろうか、少し顔が痩せなさっているのが限りなく（美しく）見えなさる。濃い鼠色（＝喪服の色）の細長を重ねてお召しになっているのがかえって優美で格別である。（内大臣が）前斎宮よりのお手紙ということで届いたのをご覧になると、薄紫の色紙にたいそう心を込めて書きなさっていて、終わりの方には、

植えておいた垣根が荒れてしまった庭のなでしこの花をかわいそうだと誰が見ているだろうか、いや、誰もかわいそうだと見ていないだろう。そのように、北の方が亡くなってしまって後に残された姫君のことをかわいそうだと誰が世話をしてくれるだろうか、いや、世話する人は北の方以外にはいないだろう。

と書いてある。「この返事を早く書きなさい」と（内大臣が）促し申し上げなさると、（姫君は）ますます気恥ずかしそうにお思いになっているけれども、筆などを取り出し用意して、御厨子にある薄鈍色の色紙を取り出して書かせ申し上げなさる。ご筆跡なども将来（のすばらしさ）が自然と思われて、たいそう見ていたく美しい。

垣根が荒れて訪れる人もいない家のなでしこの花は、朝夕ごとに露がこぼれ落ちることだ。そのように、母が亡くなって言葉を掛けてくれる人もいない私は、朝夕ごとに悲しみで涙がこぼれ落ちることだ。

解説

問一 現代語訳の問題

現代語訳を問われたら、単語・文法に注意しながら逐語訳をしていくのが鉄則である。

▼この返しとく……「返し」は「返事」、「とく」は「早く」の意。逐語訳は「この返事を早く」となるが、直後に適切な動詞を補いたい。

▼そそのかしきこえ給へば……「そそのかす（←そそのかし）」は、その気になるように勧めたり、促したりすることをいうが、訳語に工夫が必要だろう。「きこゆ（←きこえ）」は謙譲の補助動詞で「〜申し上げる」、「給ふ（←給へ）」は尊敬の補助動詞で「〜なさる」、「ば」は確定条件の接続助詞で「〜ので・〜と」の訳となる。

▼いとどつつましげに思したれど……「いとど」は副詞で「ますます・いっそう」の意。「つつましげに」は形容動詞「つつましげなり」の連用形で、出来事や感情を人に知られないように包み隠しておきたい感じをいうが、訳語に工夫が必要だろう。「思す（←思し）」は尊敬語で「お思いになる」、「ど」は逆接を表す接続助詞で「〜けれども」の意。

さらに場面に即したふさわしい訳語を工夫するには、登場人物をおさえ、前後の文脈を確認しておきたい。まして、この設問のように「主語を補って」という条件がある時には、なおさらである。

- 「内大臣」の「北の方」（＝正妻）は亡くなり、幼い「姫君」が残された。
- 昼ごろ、**内大臣**が**姫君**の部屋を訪れる。
- **姫君**は歳よりもたいそう大人びて、顔もとても美しく、着こなしも優美である。
- **内大臣**が「前斎宮」からのお手紙を見ると、たいそう心を込めた内容である。
- 手紙の終わりの方には、「植ゑおきし」の歌が書かれていた。

【内大臣が】姫君の部屋に入って来て、前斎宮から来た手紙を見る。⇩**【内大臣は、姫君に】**向かって、「その前斎院への返事を早く」と言っている、という状況をおさえる。前半部の主語は**内大臣**となる。また、「早く」の直後には「書きなさい」を補い、「そそのかし」は、「勧める」「促す」「催促する」あたりの訳がいい。

後半部は、**【内大臣が】**言った言葉を受けて、**【姫君が】**「つつましげに」思っていたという内容から、後半部の主語は**姫君**となる。接続助詞「ば」で主語が変わるということも、主語判別の一つの根拠ではある。ちなみに、「つつましげに」は、幼い子が自分の文字を見られるのが恥ずかしいという気持ちを表しているので、「きまりが悪そうに」「気恥ずかしそうに」の訳がいい。

……以上を踏まえると、次のような解答となる。

答 ✿✿✿

「この返事を早く書きなさい」と内大臣が促し申し上げなさると、姫君はますます気恥ずかしそうにお思いになっているけれども、

解答枠が二行でかなり窮屈である。最低限の補いにとどめた。

問二 内容説明の問題

こちらは「わかりやすく説明せよ」という設問だが、まずは語句に即した逐語訳をしよう。

▼**御手なども**……「手」には、「①手段・方法、②筆跡・文字、③傷」等の意味がある。**問一**の〈返事を書く〉との関連、そして「筆」「薄鈍の色紙」などを取り出したことから、ここは「筆跡・文字」となる。「御」は名詞について尊敬の意を表すが、ここでは返事の文字を書くのが「姫君」であることを表す。

▼**行く末思ひやられて**……「行く末」は「将来」。「思ひやられ」は、動詞「思ひやる（↑思ひやら）」に、助動詞「る（↑れ）」がついたもの。「思ひやる」には、「①想像する、②はるかに思う、③思いを晴らす」等の意味があるが、ここは①となる。また「れ」は自発の助動詞「る」の連用形で、「自然と〜してしまう・おのずと〜される」の意である。

以上をあわせて、「**姫君の筆跡なども、将来がおのずと想像されて**」の訳となるが、このままでは「わかりやすく説明せよ」の答としては不十分である。〈どのように想像されるのか〉、また〈「御手」の直後の「なども」の意味するところ〉を踏まえて答えたい。

まだ幼い姫君の筆跡はそれほど洗練された美しさとは言えないのだろう。返事を書くように促されて姫君が気恥ずかしそうにしたのもそうしたことを表している。ただ、「将来が思わず想像される」と表現しているのは、

〈成長するにつれて、筆跡がすばらしく美しくなるだろう〉というのである。ぜひ〈筆跡がすばらしくなる〉の要素を書き込みたい。また、「御手」の後に「なども」があるのは、筆跡以外もそうであることをいう。ここで、直前の姫君の描写に「お顔が限りなく美しく見えなさる」「濃い鼠色の細長を重ねてお召しになっているのがかえって優美で格別である」のように、容貌や姿の美しさが書かれていることから、これらを前提にした表現であるとおさえたい。〈容姿に加えて筆跡も〉のように書き込むといいだろう。

答 ✿✿✿

姫君は、容姿に加えて筆跡も将来とてもすばらしくなることがおのずと想像されるということ。

「想像される」具体的な内容と、「容姿に加えて」という要素を加えれば、模範解答となる。

問三 和歌の現代語訳の問題

「現代語訳」が求められているので、まずは語句に即した逐語訳を考える。

▼垣ほ荒れてとふ人もなき……「垣ほ」は注により「垣根」のこと。「とふ」は「訪ねる・訪問する」の意。

▼とこなつは……「とこなつ」は**注**により「なでしこ」の花のこと。

▼起き臥しごとに露ぞこぼるる……「起き臥し」は「起きたり寝たりすること」をいうが、「起き臥しごとに」は「寝ても覚めても・朝夕ごとに・いつも」の訳となる。

以上から逐語訳は、「**垣根が荒れて訪ねる人もいないなでしこの花は、朝夕ごとに露がこぼれ落ちる**」となるが、これだけでは模範解答にほど遠い。もう少し丁寧に考えていこう。

まず最初に、傍線部(3)の和歌は、前斎宮の手紙に書かれていた「植ゑおきし」の和歌に対する返歌として姫君が詠んだもので、次のように呼応している。

前斎宮の歌　植えておいた垣根が荒れてしまった庭のなでしこの花をかわいそうだと誰が見ているだろうか、いや、誰もかわいそうだと見ていないだろう。

⇩

姫君の歌　垣根が荒れて訪ねる人もいないなでしこの花は、朝夕ごとに露がこぼれ落ちる。

しかし、この二つの歌が「なでしこの花」のことだけを詠んだものとは考えづらい。ここで注に着目しよう。注は最大のヒントである。「垣ほ荒れにし」は「北の方が亡くなったことをたとえる」とあり、「とこなつ」は「なでしこの別名」とある。「なでしこ」は「撫でるようにかわいく思う子」の意味を掛けて用いられることが多く、ここでは「姫君」をさしている。つまり、この二つの贈答歌には、北の方に先立たれた姫君のことが詠まれているということになる。最初の場面で、女房たちが亡き北の方のことを話し、姫君が母を思い出していることも見落としてはいけない。そうすると、返歌の「露ぞこぼるる」も別のニュアンスを持つと考えられる。「露」は「涙」のたとえとして用いられることがあり、和歌では結構頻出である。ここも、「涙がこぼれ落ちる」ことを言っているのである。

風景・自然	心情・人事
垣根が荒れる	北の方が亡くなる
なでしこ	姫君
露がこぼれ落ちる	涙がこぼれ落ちる

和歌の手法に、表面的には「風景・自然」を詠みながら、「心情・人事」をも詠み込むといった二重構造のものがあるが、この贈答歌はそうした手法を用いているのである。「心情・人事」の文脈にもとづいて、二人の和歌の贈答を考えよう。

前斎宮の歌　北の方が亡くなってしまって後に残された「**なでしこ**」（＝**あなた**）のことをかわいそうだと誰が世話をしてくれるだろうか、いや、世話する人は北の方以外にはいないだろう。

⇩

姫君の歌　母が亡くなって訪ねる人もいない「**なでしこ**」（＝**私**）は、朝夕ごとに涙がこぼれ落ちることだ。

以上から、この和歌は「風景を詠んだ文脈」と「心情を詠んだ文脈」の二重構造となっているとわかるが、このような和歌を現代語訳するときには、風景を詠んだ部分を**比喩**として、

【……風景……】のように、【……心情……】である。

と二つをつないで訳す。よく出題されるので、パターンとして覚えておくとよいだろう。

模範解答にするためには若干の工夫が必要である。「訪れる人もいない（家の）なでしこ（の花）は」のように、補いの言葉を加えること。「心情を詠んだ文脈」の「とふ」は「訪れる」ではなく、場面にあわせて「言葉を掛けてくれる」「気遣う」などの訳とすること、そして「とこなつ」は「私」と言い換えることなども忘れないようにしたい。

……以上の点を踏まえて、次のような模範解答とした。

答　✿✿✿

垣根が荒れて訪れる人もいない家のなでしこの花は、朝夕ごとに露がこぼれ落ちるように、母が亡くなって言葉を掛けてくれる人もいない私は、朝夕ごとに悲しみで涙がこぼれ落ちることだ。

前半は〈風景〉、「ように」をはさんで後半は〈心情〉の意味で訳している。

コラム6 〈風景〉と〈心情〉の二重構造

この問題文に登場する「姫君」が結婚適齢期になった頃のお話を紹介しよう。**『苔の衣』**の後半の一節である。姫君の入内を懇願していた帝は、目の前にあった梅の枝を一枝折って、文を結びつけて姫君に送る。

鶯のふるすを出でて同じくはこの梅が枝にねぐらさだめよ

直訳なら「鶯は、古い巣を出て、同じことならこの梅の枝を寝る所と決めよ」となるが、帝の思いは「姫君は、今まで住んでいた家を出て、この宮中を住まいと決めよ。私のところにお嫁にいらっしゃい」という求婚の歌なのである。

このように、和歌では〈風景〉を詠む文脈と〈心情〉を詠む文脈の二重構造になっていることが多い。

百人一首の中の二首をとりあげよう。

花の色はうつりにけりないたづらにわが身世にふるながめせしまに　（小野小町）

「ふる」は「(雨が)降る」と「(世に)経る」、「ながめ」は「長雨」と「眺め(物思いにふける)」が掛詞になっていて、〈風景〉の文脈なら「花の色はむなしくも色あせてしまったなあ。世に降る春の長雨が続いている間に」だが、〈心情〉の文脈なら「私の容姿はむなしくも衰えてしまったなあ。私が世に生きるための物思いにふけっている間に」となる。和歌の二重構造の典型である。

来ぬ人を松帆《まつほ》の浦の夕凪《ゆふなぎ》に焼くや藻塩《もしほ》の身も焦がれつつ　（藤原定家）

この歌でも、「松」と「待つ」が掛詞になっているが、〈風景〉と〈心情〉の関係は複雑である。最初の部分は「来ない人を待って」だが、「松帆の海岸の夕凪の頃に煮詰めて塩を焼く藻塩のように」と続き、最後は「私の身も恋い焦がれるばかりだ」となる。

「焦がれる」には、夕凪の頃じりじりと煮詰めて焼かれる藻塩のさまと、なかなかやって来ない恋人を待って身を焦がすやるせない思いが重ねられている。

〈心情〉を表現するのに、イメージの共通する〈風景〉を持ち込むことによって、重層的な構造にしている。これも和歌の二重構造の手法である。

3 中将のお願いに和歌で答えた姫君。何と答えた？

『住吉物語』（二〇〇〇年度―前期） 問題 別冊14ページ 難易度 B

出典

●『住吉物語』は、平安時代中期の物語。『落窪物語』とともに、典型的な継子いじめの物語とされる。
●母を失った姫君が、継母のいじめを逃れて摂津の住吉に隠れ住むが、彼女を片恋する中将に再会、都に戻って幸せな生活を送るというストーリー。

解答へのアドバイス

●現代語訳の設問は、覚えておくべき重要基本語の知識と場面を正しくおさえることが求められる。
●「和歌の技法」とはたいてい掛詞を問う。ここでは掛詞をうまく見つけることがポイントとなる。

口語訳

月日が過ぎて、九月頃に初瀬（長谷寺）に参籠して、七日目という日、一晩中勤行して、夜明け前に少しうとうとした時の夢に、高貴な女が、横を向いて座っている。近寄って見ると、自分が思いを寄せている人である。嬉しさは、どうしようもなくて、「あなたはどこにいらっしゃるのであろうか、私にこのようにつらい目を見せなさることよ。

私がどれほど思い嘆いているかあなたは知りなさっているのか」と言うと、（姫君は）泣いて、「これほどまで（嘆いていらっしゃる）とは思わなかったことよ。たいそう気の毒なことだ」と言って、「もう帰ってしまおう」と言うので、（中将は）袖をおさえて、「あなたがいらっしゃる所を、お教えください」とおっしゃると、

自分の今いるところが暗くてさびしい海の底ともどこともわからないのでつらく思っていたところ、ここは住みよい所、すなわち住吉だと漁師は言うのだよ。そうです、私は今住吉にいるのです。

と（姫君は）言って、（姫君が）立ち去ろうとするのを（中将は）袖をおさえて帰らせないでいると夢に見て、（中将は）はっと目を覚まして、もし夢だとわかっていたならば、目覚めなかったであろうにと思うと、悲しかったことよ。

そこで、（中将は）「仏の御霊験だぞ」と思って、夜のうちに（初瀬を）出て、「住吉という所を、探してみよう」と思って、お供である者に、「修行のついでに、天王寺や、住吉などに参詣しようと思うのである。皆それぞれ（邸へ）帰って、このことを申し上げよ」とおっしゃったところ、「どうしてお供の人がいなくていられましょうか、いやいられません。（あなたを）置き去りにし申し上げて（邸に）帰参したとしたら、よいことがありましょうか、いやありません」と皆お供をしたがったけれども、「神仏のお告げをいただいたので、そのお告げ通りにするつもりだ。（私には）特に、思うことがある。私の言う通りにしなさい。（お前たちが）どのように言っても、（私は）連れて行くつもりはないぞ」と言って、御随身一人だけを連れて、浄衣で糊けが落ちて柔らかくなったものに、薄紫色の着物に白い単を着て、藁沓、脛巾のような旅装束をつけ、竜田山を越えて行き、姿も見えなくなりなさったので、（中将にそれ以上のことを）申し上げようもなくて、お供の者は帰ってしまった。

解説

問一　現代語訳の問題

語句に即した逐語訳を心がけよう。

(1) ▼やんごとなき……形容詞「やんごとなし」の連体形。「やんごとなし」には、「①そのまま放っておけない、②並々でない、③身分が高い・高貴だ」の意味があるが、夢の中に登場するのは中納言の娘なので、③があてはまる。

▼そばむきて居たり……「そばむく（↑そばむき）」は「横を向く」、「居《ゐ》る（↑居）」は「座る」の意。

答　高貴な女が、横を向いて座っている。

(2) ▼おはしましどころ……「おはします（↑おはしまし）」は尊敬の動詞で、「いらっしゃる」の意。それに名詞「ところ」がついて、「いらっしゃる所」となっている。「いらっしゃる」の主語を補ってもいいが、次の**問二**には付いている「適当に言葉を補いながら」がこちらにはないので、補いはなくてもよい。

▼知らせさせ給へ……「知らせ」の「せ」は「す」の連用形で、使役の助動詞。「させ」は「さす」の連用形で、尊敬の助動詞。「させ給ふ」で二重尊敬、「給へ」が命令形。「知らせなさい」となるが、「教えてください」「お教えください」あたりが妥当なところだろう。

答　あなたがいらっしゃる所を、お教えください

「あなたが」と主語を補っておいた。

問二

現代語訳の問題

(A) まずは、逐語訳をしてみる。あとは、中将の発言であることに注意して、主語を補うだけでいいだろう。

▼いづくにおはしますにか……「いづくに」は「どこに」、「おはします」は尊敬の動詞で「いらっしゃる」。「にか」は直後に「あらむ」を補って、「(の) であろうか」となる。「いらっしゃる」の主語にあたる「あなた (←姫君) は」を補う。

▼かくいみじきめを見せ給ふぞ……「かく」は「このように」。「いみじ (←いみじき)」には、「①たいそう、②すばらしい、③ひどい」の意味があるが、ここは③があてはまる。「つらい目」あたりが適当だろう。「ぞ」は強意の意味を表す。

▼いかばかりか思ひ嘆くと知り給へる……「いかばかり」は「どれほど」の意。「思ひ嘆く」の主語は「私 (←中将)」、「知り給へる」(＝知りなさっている・ご存じである) の主語は「あなた」である。

……以上をまとめると、次のようになる。

答 ✿✿✿

あなたはどこにいらっしゃるのであろうか、私にこのようにつらい目を見せなさることとよ。私がどれほど思い嘆いているかあなたは知りなさっているのか

(B) 丁寧な補いが必要であるので、まずは、直前の内容を整理しておこう。

① **中将**は、この夢は仏の霊験だと思い、**姫君**がいる住吉を訪ねてみようと思った。
② **中将**は、**お供の者**に、「天王寺・住吉などに参詣するので、お前たちは邸へ帰れ」と言った。
③ **お供の者**は、「私たちはお供をしたい。お供をしないでは邸に帰れない」と言った。

傍線部(B)は、それを受けた中将の言葉である。

▼示現をかうぶりたれば、そのままになむ……「示現」は**注**から「お告げ」、「かうぶる（↑かうぶり）」は「受ける・いただく」。「示現をかうぶる」は、姫君の居場所に関して初瀬観音のお告げをいただいたことをいう。これが、「**仏の御しるし**（＝仏の御霊験）」なのである。「**そのままに**」は「お告げ通りに」の意で、「**なむ**」の後には「するつもりだ」の言葉を補うとよい。「お告げをいただいたので、姫君がいる住吉を訪ねてみよう」ということで、右の①に対応する。

▼ことさらに、思ふやうあり……「ことさらに」は「特に」、「思ふやう」は「思うこと・考え」の意。ここは逐語訳で十分だろう。

▼言はんままにてあるべし……「ん」は助動詞の婉曲用法で、強いて訳すなら「ような」だが、訳出しなくてよいだろう。「言うような通りに・言う通りに」となる。この部分の主語は「私（↑中将）」である。また、「べし」の意味は命令がふさわしく、「〜あれ・〜しなさい」の訳となる。主語の補い以外は逐語訳でいい。右の②に対応する。

▼いかに言ふとも、具すまじきぞ……「いかに言ふとも」は「どのように言っても」の意で、右の③に対応する。主語は「お前たち（↑お供の者）」である。「具す」は「連れて行く」、「まじ（↑まじき）」はここは打消意志の助動詞である。この部分の主語は「私」である。

答

初瀬観音のお告げをいただいたので、そのお告げ通りにするつもりだ。私には特に、思うことがある。私の言う通りにしなさい。お前たちがどのように言っても、私は連れて行くつもりはないぞ

中将がお供の者に言った内容なので、敬語がまったく使われていないことにも注意しながら訳すとよい。

問二　和歌の解釈の問題

和歌の解釈を問う問題だが、設問に付けられている「技法に留意し」の条件に注目しよう。和歌でいう「技法」には、「枕詞」「掛詞」「序詞」「縁語」などがあるが、内容の解釈と関連させて問われるのは、たいてい「掛詞」である。（↓77ページのコラム参照）

「掛詞」とは、同音異義を利用して、一つの言葉で同音の二つの意味を表す技法であるが、掛詞を見つけるには、次の三つに注意するとよい。

---

① ほぼ固定してよく使われる掛詞を知っておいてあてはめる。
② この場面の内容から、「二つの意味」となり得る語句を探す。
③ 口語訳がうまくつながらない箇所に掛詞がないかを考えてみる。

ここでは、この三点について、先に種明かしをすることにしよう。

① 「住み」は「住吉」あるいは「住の江」（いずれも地名）と掛詞になる。それほどポピュラーなものではないが、京大受験生なら知っていたい古文常識である。

② 〈（海の）「そこ（底）」〉と〈「そこ（其処）」とも知らず〉、〈「住吉」〉と〈「住みよい」〉のように二つの意味が重なっている。ただ、これは和歌の直前の内容を理解してこそわかるものであろう。

③ 「海のそことも知らず」「侘びぬれば住吉と」を逐語訳しようとすると、うまくつながらないことがわかる。しかし、これも直前の内容理解が関係している。

以上のようなことを踏まえながら、語句に即して順に解釈していこう。

▼わたつ海のそことも知らず……この和歌は、中将の「あなたがいらっしゃる所を、お教えください」という問いかけに姫君が答えたもので、「そことも知らず（＝どこともわからない）」という返事となっている。また、「わたつ海《み》」は「海」の意で、「わたつ海のそこ」は「海の底」の意味となる。このように見てくると、「そ

こ」は二つの意味をもっている掛詞とわかろう。

「わたつ海のそこ《海の底》」と「そことも知らず《其処とも知らず》」

和歌では、**掛詞の部分は二度訳す**という鉄則があるので、この部分は、「海の底ともどこともわからない」となる。若干の補いをすれば、「自分のいるところが海の底ともどこともわからない」となる。

▼**侘びぬれば**……「侘ぶ（↑侘び）」には、「①つらく思う・困惑する、②落ちぶれる、③〜かねる」の意味があるが、ここは①の意。「自分のいるところがどこともわからないのでつらく思う」のである。

▼**住吉とこそ海人は言ひけれ**……「住吉」は地名、「海人」は漁師、「けり（↑けれ）」は詠嘆の助動詞で、逐語訳すれば、「（ここは）住吉だと漁師は言うのだなあ」となる。ここで、直前の「侘びぬれば」とのつながりを考えよう。「ば」は順接確定条件で、「〜ので・〜から」の訳となることが多いが、ここは「〜と・〜ところ」の訳となる偶然条件であり、「つらく思っていたところ、住吉だと漁師が言う」となるのだが、つながりがうまくいかない。ここで、掛詞を想定する。「住吉」に「住みよい・住みやすい」の意味をかぶせるのである。

―私はつらいと思っていたところ――いいえ、「住むのによい・住みやすい」と漁師は言う―

このように考えれば、「侘び」と「よし（良し）」が対応してうまくつながる。

……以上をあわせて、次のようになる。

答 ✿✿✿

自分のいるところが海の底ともどこともわからないので
つらく思っていたところ、ここは住みよい所、すなわち
住吉だと漁師は言うのだなあ。

解答枠もたっぷりあるので、もう一歩深めた解答とするのなら、次のような点が考えられる。一つは「海の

底」のイメージを書き込むこと、もう一つは、居所を教えてくださいという中将のお願いに対する返事で、「仏のお告げ」だという点をおさえて、「私（＝姫君）は住吉にいます」ということを書き込むのもいい。これらを加えた解答は次のようになる。

答 ✿✿✿✿

自分の今いるところが暗くてさびしい海の底ともどことよい所、すなわち住吉だと漁師は言うのだよ。そうです、私は今住吉にいるのです。

「海の底」は「暗くてさびしい」と補い、最後に「返事」を加えた。ただ、ここまでの解答を受験生に要求すべきかは少し迷うが、桜マーク四つ級の解答として紹介しておく。

問四　現代語訳の問題

特に難しい単語は見当たらないのだが、誰の動作なのかを見きわめる必要がある。もう一つは、古歌の意味をうまく取り込むことが大切である。

まず、ここまでの場面を整理しておこう。波線部とつながりのある部分を、**太字**で示した。

- 中将は、家を出奔した姫君を探しているが、初瀬寺に参籠した時、夢にその姫君を見た。
- 中将が、傍線部(A)と言うと、
- 姫君は泣いて、「そんなに嘆いていらっしゃるとは思わなかった。たいそう気の毒なことだ」と言って、
- 姫君が、「もう**帰る**つもりです」と言うので、
- 中将は**袖をおさえて**、「あなたがいらっしゃる所を、お教えください」とおっしゃると、
- 姫君は、「わたつ海の…」の歌を詠んで、

これを受けて波線部となる。波線部が誰の動作なのかを考えていこう。

▼【姫君が】立つを……「やんごとなき女」は座っていたが、立って帰ろうとするのである。

▼【中将は】ひかへて……「ひかふ（←ひかへ）」は「引き止める・おさえる」の意。直前の文章に「袖をひかへて」とあるので、それにあわせて「袖をおさえて」という訳にしよう。

▼【中将が姫君を】返さずと……「袖をおさえて、帰らせない」の意で、「ひかへて」と「返さず」の二つの動詞の主語は同じである。

▼【中将が】見て、【中将は】うちおどろきて……「見て」は中将が夢の中で見たのである。「うちおどろく（←うちおどろき）」は「はっと目を覚ます」の意。「見て」と「うちおどろきて」の二つの動詞の主語は同じである。

▼夢と知りせばと、悲しかりけり……設問で示されている古歌は、「恋しく思いながら寝たので、あの人が夢に現われたのだろうか。もし夢だとわかっていたならば、目覚めなかったであろうに」の意である。「せば…まし」で反実仮想となっている。実際は〈夢だとわからなかったので、目覚めてしまった〉となる。この和歌を踏まえているというのだから、この和歌の中で「悲しかりけり」（＝悲しかった）に対応する部分を探す。言葉を補うという条件にあわせて、「夢から覚めなかったであろうにと思うと、悲しかった」のようにするといいだろう。

……以上をあわせて、次のような解答となる。

答

姫君が立ち去ろうとするのを中将は袖をおさえて帰らせないでいると夢に見て、中将ははっと目を覚まして、もし夢だとわかっていたならば、目覚めなかったであろうにと思うと、悲しかったことよ。

「姫君が」「中将は」という主語の補いは必須である。あとは古歌の反実仮想をしっかりと訳に出すこと。

コラム7 ▼▼▼ 掛詞の総整理をする

「掛詞」とは、同音異義語を利用して、一つの言葉に同音の二つの意味を掛ける和歌の修辞である。

A　掛詞のありようには三種ある。

①　「来ぬ人をまつむしの鳴く」型

「来ない人を待つ」と続いてきた文の流れが「待つ」で一端途切れ、「松虫《まつむし》」の「松」の意味で後に続く。「まつ」は「待つ」と「松」の掛詞。訳は〈来ない人を待って、松虫が鳴く〉となる。

②　「人目も草もかれぬ」型

「人目（＝人の訪れ）も-離《か》れ（＝遠ざかる）」と「草も-枯れ」の二つの主述が並列的に並んでいる。「かれ」は「離れ」と「枯れ」の掛詞。訳は〈人の訪れも遠ざかり、草も枯れた〉となる。

③　「あふみぢは忘れぬめり」型

「あふみぢ」は「近江路」だが、その中に「逢ふ（＝男女が一夜を共にする）」の意味が込められている。これも掛詞の一種。訳は〈近江への道を忘れた、いや私と逢うことを忘れたようだ〉。

B　掛詞で注意すべきことを挙げておく。

①　掛詞では、濁点の有無は問わない。

「憂きことをあらしに散れる木の葉なりけり」の「あらし」は、「有らじ」と「嵐」の意味をあわせ持つので掛詞。ちなみに訳は〈つらいことはないだろうに、嵐に散っている木の葉だなあ〉。

②　語の一部が掛詞の場合がある。

「白雪のまだふるさとの春日野に」の「ふる」は「（白雪が）降る」と「古里《ふるさと》」の一部「古」が掛詞。訳は〈白雪がまだ降る、古里の春日野に〉である。

③　一字で掛詞となることもある。

これが難しい。次ページの例Ⅱを参照のこと。

C　よく用いられる掛詞は覚えておきたい。

スペースの関係で項目だけを挙げるが、参考書などで何と何とが掛けられているかを調べてほしい。

あき　あふ　あま　いる　うき　おく　かる　きく
しか　すむ　ながめ　なみ　ね　はる　ひ　ふみ
ふる　まつ　みをつくし　よ　よる

コラム 8 京大古文にも掛詞問題が頻出です

和歌では「掛詞」が問われることが多い。京大古文でも頻出である。過去の問題の中から二つ紹介する。

Ⅰ『蜻蛉日記』（一九七九年度）

作者は、兼家との結婚生活も思うにまかせず、死んでしまいたいとも思うが、一人息子の幼い道綱を思うとそれもできない。尼になりたいと言うと、道綱は、自分も法師になると言い、法師になったら鷹を飼えなくなると言うと、道綱は飼っていた鷹をすぐさま放ってしまう。その時の作者の歌が次のようである。

あらそへば思ひにわぶるあまぐもにまづそる鷹ぞかなしかりける

掛詞の設問は、次のような空欄補充であった。

傍線部「あま」には「天」の意と〔A〕の意が掛けられており、同じく「そる」は、「逸る」（鷹の飛び去ること）と〔B〕の掛詞である。そして〔A〕の意味と〔B〕の意味とは縁語の関係にある。

答は、〔A〕=「尼」、〔B〕=「剃る」。和歌の意味は、「道綱と言い争いをして、尼になろうかと思い悩むが、私より先に、天の雲に向かって鷹を放して（鷹が逸り）、そして髪を剃ろうとする道綱が不憫でならない」である。

Ⅱ『松蔭日記』（二〇〇六年度前期）

多忙で山荘に花見に行くこともできない柳沢吉保が、春も終わりの三月三十日にようやく訪れることができた。まだわずかに残っていた桜に満足して詠んだのが、次の歌である。

まだちらぬ花しありともけふみずはあすやなごりもなつのこのもと

設問は「掛詞が使われていることに留意して、現代語訳せよ」だが、この掛詞は難しい。目を皿のようにしてもなかなか見つからない。種明かしをすると、「名残も無〈な〉（し）」の「な」と「夏〈なつ〉」の「な」が掛詞になっているのである。

模範解答は次のようになる。

まだ散らない桜の花があったとしても、もし春の終わりの今日に花を見なかったならば、明日は春の名残もなく、夏の木陰になっていただろうになあ。

4 「ひとよふたよのあだのふし」とは何のこと？

『鳴門中将物語』（一九九五年度―後期）

問題 別冊16ページ　難易度 B

出典

●『鳴門中将物語』は、鎌倉後期の短編物語。「なよ竹物語」とも呼ばれている。

●後嵯峨天皇が蹴鞠の場で一人の女房を見そめた。女房は、「呉竹の」という古歌の一節を詠みかけることで返事をし、その機知によって天皇の寵愛を受けるというストーリーである。

解答へのアドバイス

●どの設問も、この本文の出来事を前提に問われている。場面を正しくおさえよう。

●「ひとよふたよの」の歌は、この場面で詠まれたものではない。なぜこの古歌が挟み込まれているのかを考えよう。

口語訳

いつの年の春のことであったか、旧暦三月の桜の花の満開の頃花徳門の中庭で、二条前関白、大宮大納言、刑部卿、三位頭中将などが参上なさって蹴鞠の遊びがありました時に、見物の人々に混じって女たちがたくさんいました中に、帝が御心をお寄せになる女がいた。（帝は）蹴鞠のことはお心にも入れなさらないで、その女の方をしきりに御覧になるので、女はやっかいだと思って、人に紛れて左衛門の陣の方へ出て行ってしまった。（帝は）六位の蔵人をお呼びになって、「あの女が帰る住まいを見届けて（私に）報告申し上げなさい」とおっしゃったので、蔵人は（女に）追いついて見ると、この女は（後をつけられていると）わかっていたのであろうか、何とかしてこの男（＝蔵人）をだまして逃げようと思って、蔵人を招き寄せてにっこり笑い、「『呉竹の』と申し上げてください。ああ恐れ多いことですが、帝のご返事をお聞きしないうちは（左衛門の陣の）御門でお待ち申し上げよう」と言うので、（蔵人は女が自分を）だますとは少しも思いもよらず、急いで（帝のもとに）参上してこのことを帝に申し上げると、「きっと古歌の（中の）一節でありましょう」とお思いになってお尋ねがあったが、その庭には知っている人がいなかったので、為家卿のもとへお尋ねがあったところ、（為家卿は）たちどころに古歌として、

竹の丈が高くても何になろうか、いや何にもならない。竹の一節二節の役に立たない節では。そのように、身分が高くても何になろうか、いや何にもならない。一夜か二夜のかりそめの共寝では。

という歌があると申し上げなさったので、（帝は）以前よりもますます奥ゆかしいことだとお思いになって、お返事はなくて、「ただ女の帰る所をしっかり見定めて申し上げよ」とおっしゃったので、（蔵人は）立ち戻ってさっきの門を見ると、（女は）かき消すようにいなくなっていた。また、（蔵人が）（帝の所に）参上してこれこれと申し上げると、（帝は）ご機嫌が悪くて、探し出さないならば罰するつもりであるということをおっしゃる。蔵人は青ざめて退出した。このようなことで蹴鞠の興もさめて（帝は中に）お入りになった。

解説

問一　現代語訳の問題

(1)　語句に即した逐語訳を心がけよう。

▼かへらんところ……「ん」は婉曲・仮定の助動詞。婉曲なら「帰るような所」、仮定なら「帰ったら、その所」となるが、「ん」を訳さないで「帰る所」とすることも多い。

▼見おきて……「見ておいて」も許容だが、「見届けて」「見定めて」がいいだろう。

▼申し侍れ……「申す（↑申し）」は「六位」（蔵人）が帝に「申し上げる」の意。会話部分なので「私に」を補うといい。

……以上をもとに、訳は次のようになる。

答 ✿✿✿ あの女が帰る住まいを見届けて私に報告申し上げなさい

(2)

▼こころえたりけるにや……「こころう（↑こころえ）」は「理解する・わかる」の意。「必要な言葉を補って」とあるので、「後をつけられているとわかっていた」「帝の命令で蔵人に尾行されているとわかっていた」のように補う。あるいは「帝が自分を手もとに置き寵愛しようと思っていると気づいていた」などの補いももちろん正しい。すべて許容であろう。「にや」の後には「ありけむ」を補って「〜たのであろうか」と訳す。

▼いかにも……「何とかして」の意。「逃げん」の「ん」（意志の助動詞）と呼応している。

▼すかしやりて……「すかす（↑すかし）」は「だます」、「やる（↑やり）」は「行かせる・先方に向かわせる」の意。「すかしやる」の逐語訳は「先方に向けてだます」となるが、ここは「だます」でいいだろう。

……以上をもとに、訳は次のようになる。

答 ✿✿✿ 後をつけられているとわかっていたのであろうか、何とかしてこの蔵人をだまして自分は逃げようと思って、

「この男」を「この蔵人」とし、「自分は」を補った。

(5)▼まゐりてしかじかと奏すれば……「奏す（↑奏すれ）」は「帝に申し上げる」の意なので、「まゐる（↑まゐり）」は「蔵人が帝の所に参上する」と考えられる。「しかじか」は直前の場面をもとに、「女がいなくなってしまった」「女を見失った」のように内容を補って示す。

▼御けしきあしくて……「御けしきあし（↑御けしきあしく）」は「ご機嫌が悪い」の意。

▼ずは……「は」は仮定条件を表す。「〜ないならば」の意。

▼とがあるべきよし……「とが」は「罰」。直訳は「罰があるにちがいない」となるが、ここは帝の言葉なので「罰するつもりである」の方がよい。ただどちらも許容であろう。

▼おほせらる……「おほす（↑おほせ）」は「おっしゃる」の意、「らる」は尊敬の助動詞で、二重尊敬。主語は「帝」である。

……以上をもとに、訳は次のようになる。

答 ✿✿✿

蔵人が帝の所に参上して女がいなくなってしまったと帝に申し上げると、帝はご機嫌が悪くて、女を探し出さないならば罰するつもりであるということをおっしゃる。

「蔵人」「帝」「女」を丁寧に補った。

問二 内容説明の問題

「場面に即して説明せよ」という条件があるので、まずは場面を順におさえておこう。

● 蹴鞠の遊びの時、**帝**は一人の**女**に心を寄せたが、その**女**はわずらわしく思って外に逃げた。

● **帝**は、**蔵人**を呼び、後をつけさせた。（**帝**は、**女**に求愛の意志を伝えようとしたのであろう。）

● **蔵人**は**女**に追いついたが、**女**は後をつけられているとわかっていたのだろうか、何とかしてこの**蔵人**をだ

まして自分は逃げようと思った。（⇩**問一（2）**）

●女は、蔵人を招き寄せてにっこり笑った。

●女は、「『呉竹の』と帝に申し上げてください。帝のご返事をお聞きしないうちはこの左衛門の陣の門の所でお待ち申し上げましょう」と言った。

●蔵人は、女がだますとは思いもよらないで、急いで帝のもとに参上してこのことを帝に申し上げた。

●帝は、「きっと古歌の中の一節であろう」とまわりの人たちにお尋ねがあったが、誰も知らなかった。

●歌のプロである（藤原）為家卿のもとへお尋ねがあったところ、「高くとも…」という古歌の一節だとわかった。

……以上を踏まえて答えることになるが、解答の中心は、●印の部分の内容となる。

答 ✿✿✿

蔵人に「呉竹の」という古歌の一節を託し、帝からの返事があるまでこの門の所で待っているといつわって、蔵人が帝の所に戻ったすきに、姿をくらまそうと考えた。

解答枠からすれば、試験問題の解答としてはこれで十分だろうが、「場面に即して」という条件を踏まえると、右の●印で示された内容も説明に取り込みたいところである。執筆者の好みの解答を次に示そう。波線部分を付け加えている。

答

女は、まず蔵人にほほえみかけて安心させておき、あまり知られていなくて、かつ断りにふさわしい「呉竹の」という古歌の一節を帝へのなぞかけの言葉として蔵人に示し、帝からの返事がそれなりに時間がかかると踏んだうえで、この門の所で待っているといつわって、蔵人が帝のもとに戻ったすきに、姿をくらまそうと考えた。

この解答は枠内にとても書き切れないし、かなり時間もかかる。ここまでの解答を受験生に要求するのは酷だが、桜マーク四つ級の解答として紹介しておく。

問二　和歌の内容説明問題

まずは語句にそって意味を考えていこう。

▼**高くとも何にかはせん**……「高くとも」は一応「竹の丈が高くとも」とおさえる。「何にかはせん」の「かは」は反語で、「何になろうか、いや何にもならない」の意味となる。

▼**ひとよふたよの**……「よ」は**注**から「節（よ）」で、「竹の一節《よ》二節《よ》」の意となる。ただ、「節（ふし）」は竹などの茎の継ぎ目をいい、「節（よ）」は節《ふし》と節《ふし》との間の空洞部分をいう。

▼**あだのふしを**……「あだ」には「はかない・無駄である・役立たない・浮気だ」等の意味があり、ここは「役に立たない節《ふし》」となろう。

以上をあわせて、「**竹の丈が高くても何になろうか、いや何にもならない。竹の一節二節の役に立たない節では**」が逐語訳である。

ただ、これではこの場面の内容とつながらない。ここで、**注**の〈ふし＝竹の節と、「伏し」の掛詞。〉に注目したい。66ページのコラムで述べたように、和歌では、**〈風景〉を詠む文脈と〈心情〉を詠む文脈の二重構造**になっていることがよくあるが、掛詞がその橋渡しをしていることが多い。「伏す（↑伏し）」には、「横になる・寝転ぶ」の意があるが、それを「男女が共寝をする」の意味と考えるとどうだろう。そうすると〈**心情を詠んだ文脈**〉は「**身分が高くても何になろうか、いや何にもならない。一夜か二夜のかりそめの共寝では**」となる。

……以上をもとにこの歌の訳をすると次のようになる。

答 ★★★

高い竹でも一節二節では何にも役に立たないように、身分の高い相手であっても、たった一夜か二夜のかりそめの共寝では何にもなりはしない。

前半は〈風景〉、「ように」をはさんで後半は〈心情〉の意味で訳している。

しかし、これでは和歌を訳しただけで、設問の解答としては不十分である。この**歌に託して帝に伝えようとした思い**を説明しないといけない。この場面では、帝の求愛を受け入れ共寝をすることになったとしても、それは一夜二夜限りのかりそめのものであろうから、**受け入れることはできない**と言っているのである。そうした**思いを伝えるためにこの歌が引用された**という点をおさえておきたい。

……次のような模範解答を示しておく。

答 ★★★

帝という最高の身分の方だとしても、たった一夜か二夜の逢瀬に終わることになりそうだから頼りにしがたく、私には帝の求愛に応じるつもりはないという意味。

〈思い〉の内容説明（波線部分）を追加した分、〈風景〉の文脈をカットして分量を調整した。

問四

理由説明の問題

まずは、傍線部のポイントとなる表現を考えよう。

▼いよいよ……「以前にもましてなおさら」の意味合い。「以前」にあったことがらを考える。

▼こころにくきことにおぼしめして……「こころにくし（↑こころにくき）」は「奥ゆかしい・心が引かれる」の意。「おぼしめす（↑おぼしめし）」は「お思いになる」の意で、主語は帝である。

以上をあわせて、「以前にもましてなおさら、帝は（女のことを）奥ゆかしいとお思いになり」の訳となる。

〈以前あったこと〉とは、蹴鞠の場で女の姿に心引かれたこと。今「奥ゆかしいと思った」のは、女が古歌を引用して帝の求愛をお断りしたことである。こういった様子を表すのにふさわしい言葉として、「当意即妙な機知」「風流な心情」が適切であろう。

……以上をまとめると次のようになろう。

答 ✿✿✿

帝が、女の姿に心引かれたうえに、古歌を引用して自らの求愛をお断りするという、女の当意即妙な機知と風流な心情に奥ゆかしさを感じたから。

以前にあったことの「うえに」、今あったことを経て、帝がどう感じたかをまとめればよい。

コラム 9 もと歌の全体の意味を考える

この文章では、天皇の求愛と思われる誘いに対して、女は「呉竹の」という既成の和歌の一節を示すことでお断りの返事とした。「嫌です」と声高に答えたり、無視したりするよりもこの方が優美で奥ゆかしいとされたのである。一般には「引き歌」といっている。

「引き歌」のポイントは、既成の和歌の一節だけを示して、その和歌全体の主題・心情を相手にわかってもらうということである。謎解きのような思考が求められ、なかなか難しいものである。

この和歌を使ったコミュニケーションが成り立つためには、受け取った相手がその和歌を知っていなければならない。この話では、その場にいた人たちは知らず、当時の和歌のプロであった藤原為家卿に問い合わせていることから、ちょっとめずらしい和歌であったことがわかる。さらに、この歌を「引き歌」とした女の教養のほどもうかがわせるものとなっている。

これとは逆に、コミュニケーションがうまくいかなかった不幸なお話を紹介しよう。かっこいい随身が、あるお屋敷の横を通ると、中から女が「はとふく秋」と声を掛けた。女は随身に一目ぼれをしたのである。この言葉は次の歌を「引き歌」としている。

深山出てはとふく秋の夕暮れはしばしと人を言はぬばかりぞ

（猟師が深い山を出て鳩笛を吹く秋の夕暮れは人恋しい時で、しばしお立ち寄りくださいと人に対して言わないだけです。心の中では声を掛けたく思っているのです）

なかなか意味深な歌なのである。

ところがこの歌を知らない随身は、「俺のことを鳩笛を吹く時のような、ふくれた不細工な顔と言った」と誤解し、「アホか」と罵った。女はかっこよくナンパしようと思ったのに、「もうバカ、あんたなんて知らない」と大むくれだ。

これは『今物語』という説話集の一節。この文章を、昔の「共通一次試験」（現・大学入学共通テスト）が出題していた（一九八二年度追試験）。

第三章　ここがヤマ場の歌論

この章では歌論を扱う。他の大学ではあまり見られないジャンルであるが、京大では頻出かつ重要である。出題される文章には、特定の和歌について解釈の違いを示したもの、和歌の本質はこういうものだと論じたものが多いが、私たちの日常の世界からほど遠い内容なので、普段からこういったものに慣れておかないとかなり手強い相手となる。近年出題されることが特に多くなってきているので、「ここがヤマ場」としておいた。

1 「奥山に紅葉踏み分け」の主語は鹿なの？

『百人一首聞書』、『牛の涎』（二〇一四年度―理系）

問題 別冊18ページ

難易度 A

出典

●『百人一首聞書《ききがき》』は、中世の歌論書で『百人一首』の注釈書である。

●『牛の涎《よだれ》』は、近世の随筆。筆者は江戸時代の儒学者である小倉無隣である。

解答へのアドバイス

●理系学部のみの問題である。問題文が短いが、**問一**・**問二**ともに何をどれだけ書けばよいのかに迷う設問である。

●「この歌について解釈の異なる点」を説明させる**問三**はやっかいな問題である。歌論では、複数の評者の解釈を比べさせる問題が多い。こうした考え方に慣れておかないと手こずるであろう。

口語訳

甲　この鹿には心がやはりある。春や夏などの草木が茂り、隠れる所が多い季節は、（鹿は）野にも山にも里にも寝起きして自分の思い通りに振る舞える。秋が終わり、草木も枯れてゆくにつれて、だんだんと（鹿は）山近くへ行くが、やはりここ(＝山近く)も(身を隠す)葉蔭がなくなるので山の奥をあてにして入っていくが、そこもまた葉蔭がないので木の葉を踏み分け、露や、時雨に濡れて鳴く鹿の心を、想像して知ることができる。今はどこへ行って身を隠す場所があるだろうかと(鳴き声が)しんみりと聞こえるのである。

乙 この歌は、秋のしみじみとした情趣も普段の家に居てはそれほど悲しいとは思わず、家を出て奥山に分け入り、紅葉の落ち葉を踏み分け、とてもしみじみと感じているちょうどその時、妻を恋しく思う鹿の鳴き声を聞く時こそ、初めて秋の悲しさを知るというのである。概して、うれしいことも悲しいことも、その場所へ深く入って見ない時は、感じることはないものである。

解説

問一 内容説明の問題(「意味を記せ」という指示である)

(1) ▼「栄華」は「権勢や富の力によって、華やかに時めき栄えること」をいうが、ここではその本来の意味はあてはまらない。「まま」は「思い通り・自由」の意味である。

▼文脈から考えてみよう。「栄華」は、直前の〈春や夏などの草木が茂り、隠れる所が多い季節は、野にも山にも里にも寝起きして〉という鹿の様子を表している。直後の〈秋が終わり、草木も枯れてゆくにつれて、だんだんと山近くへ、さらに山の奥に入っていくが、今はどこへ行って身を隠す場所があるだろうか〉と対比させて、ここの「**栄華のまま**」は「よい季節を迎えた」「思い通りに行動できる」ことをいっている。

▼何でもなさそうな設問に見えるが、いざ解答を作るとなるとやっかいである。受験生もそうだが、模範解答を書く私をも苦心させる設問である。さらっと言い換えるか、「栄華」のニュアンスを生かすか、鹿の行動を具体的に書くかによって、異なる解答例が考えられる。いずれも題意にかなうだろう。

答
(a)自分の思い通りに行動できるのである。
(b)今が自分の盛りなので思い通りにしたい放題である。
(c)鹿は自分の思うままにどこででも暮らせるのである。

(a)はさらっと言い換えた解答、(b)は「栄華」のニュアンスを生かした解答、(c)は鹿の行動を具体的に書き込んだ解答である。

(2)
▼語句に即して考えよう。「あはれ」はしみじみと身にしみるような情感を表すが、ここは「秋になると感じるしみじみとした情趣」のことである。「常の家に居ては」は「いつも暮らしている家に居ては」「普段暮らしている家に籠っていては」となる。また「さのみ」は打消の助動詞「ず」と呼応して、「それほど・たいして」の意となる。
▼「悲し」は「悲しい」と言い換えるだけでは不十分である。傍線部直後の「家を出でて奥山に分け入り、紅葉の落ち葉を踏み分け、いと哀れなる折しも、妻恋ふ鹿の声を聞く時こそ、はじめて秋の悲しさを知るとなり」を踏まえれば、奥山に分け入る体験を通して得られる「悲し」である。「痛切な思い」「せつなさ」などとしたい。

答
秋のしみじみとした情趣も、普段暮らしている家に籠っていては、それほどせつないとは感じず、

「あはれ」と「悲し」がポイントになる。語の訳に即して、内容をふくらませたい。

問二 内容説明の問題
「どのような教訓か」を問う。「教訓」という言い方が、ややわかりづらいが、この和歌がどういうことを教えさとしているかということであろう。「総じて」以下の部分がそれに該当する。
▼うれしき事もかなしき事も……「うれしいことも悲しいことも」だが、「どのような感慨も」のように一般化

してもいいだろう。
▼その所へ深く入りて見ざる時は……「その所」は「それが実際に起こっている場所」、「見ざる」は「体験しない」としていいだろう。
▼感通はなきものなり……「感通」は「身にしみて感じる・痛切に感じる」の意味。
……模範解答は、やや一般化したものとしておく。

答 ✿✿✿

どのような感慨も、それが実際に起こっている場所に深く入って体験しない時には、身にしみて感じることはできないという教訓。

「感通」をどう訳すかがポイントだが、文脈から類推できるだろう。

問三 解釈の相違点を説明する問題

甲・乙の解釈を整理してみよう。

甲：鹿が行動する場所を季節を追って、「秋が終わり、草木も枯れ、だんだんと山近くへ行く」「山近くも葉蔭がなくなるので山の奥を目当てに入っていく」「そこもまた葉蔭がないので木の葉を踏み分け、露や時雨に濡れて鳴く」と説明されている。ここで「奥山に紅葉踏み分け」て行くのは〈鹿〉である。

乙：「家を出て奥山に分け入り、紅葉の落ち葉を踏み分け、とてもしみじみと感じているちょうどその時、妻を恋しく思う鹿の鳴き声を聞く時こそ」と説明されている。ここで「奥山に紅葉踏み分け」て行くのは〈人〉である。この〈人〉は、この歌の詠み手となろう。

「解釈の異なる点」の最も大きなものは次のようになる。

「奥山に紅葉踏み分け」の部分の主語を、甲では鹿とし、乙では人としている点。

ただ、これでは、三行の解答用紙は埋まらない。もう少し解答分量をふくらます内容が必要であろう。考えられるのは次のようなものである。

▼Ⅰ 「奥山に紅葉踏み分け」はどこにかかるか？

甲＝「鳴く」にかかっている。

乙＝「聞く」にかかっている。

▼Ⅱ 「悲しき」の内容は？

甲＝鹿が隠れ場所を失っていき、露や雨に濡れて山奥で鳴いているのを、詠み手がかわいそうに思っている。

乙＝鹿が妻を恋しく思って鳴いていることから、詠み手は秋の風情を実感してせつなく思っている。

……模範解答として二種を示しておく。(a)は、解答枠のわりに答の内容が軽すぎるかとも思うが、要点を簡潔におさえたもの。(b)は、「最も大きな相違」という条件から逸脱しているようにも思うが、解釈の違いを丁寧におさえたものである。どちらも模範解答だと思う。出題者の意図はどちらであったのか、はかりかねる。

答(a) ✿✿✿

甲では「奥山に紅葉踏み分け」の主語を鹿とし、「鳴く」に続くと解釈し、乙ではその部分の主語を作者猿丸大夫とし、「聞く」に続くと解釈している点。

最も大きな相違に、右のⅠを付加したもの。

答(b) ✿✿✿

甲では「奥山に紅葉踏み分け」の主語を鹿とし、山奥で鳴く鹿に同情しているが、乙では主語を人とし、妻を恋しく思って鳴く鹿に秋の風情を実感している点。

最も大きな相違に、右のⅡの内容を付加したもの。

コラム10

「主語」をどのようにおさえるか

鴨長明が書いた歌論『無名抄』の一節を紹介する。長明の師である俊恵が、藤原俊成に一番の自信作を尋ねたところ、次の歌を挙げたという。

夕されば野辺の秋風身にしみて鶉《うづら》鳴くなり深草の里

（夕方になると野辺を吹く秋風が身にしみて鶉が鳴く声が聞こえる、深草の里だよ。）

ところが、俊恵はこの歌について次のように批判した。

彼の歌は、「身にしみて」といふ腰の句のいみじう無念に覚ゆるなり。これ程に成りぬる歌は、景気をいひ流して、ただそらに身にしみけんかしと思はせたるこそ、心にくくも優にも侍れ。いみじういひもて行きて、歌の詮とすべきふしをさはといひ現したれば、むげにこと浅く成りぬる、

（この歌は、「身にしみて」といふ第三句がたいそう残念に思えるのである。これほどりっぱに詠んでいる歌は、具体的な気色や詩的雰囲気をさらりと表現して、ただそれとなく身にしみたのだろうなと感じさせるのが、奥ゆかしくも優美でもあります。たいそうはっきりと表現しすぎて、歌の眼目とすべき点をこうだと言い表しているので、ひどく歌の風情が浅くなっている。）

俊成と俊恵の考え方の違いがわかっただろうか。「身にしみて」の主語のおさえが違うのである。俊成は「鶉は―秋風が身にしみて鳴く」と詠んだはずで、この部分を「景気をいひ流して、ただそらに身にしみけんかしと思はせたる」の素材と考えたのだが、俊恵は「秋風が身にしみて」の主語を「人」＝作者と理解したのである。そうなると、この歌の主題である〈秋の風情を感じた、秋風が身にしみた〉という心情をもろに言葉に表現したことになり、和歌としての優美さに欠けると批判したのである。

和歌では、主語が素材なのか、作者なのかで解釈の分かれるケースがままある。第三章・1の問題で取り上げられた「紅葉踏み分け」もその一例である。

コラム 11 少し昔だが、こんな歌論も出た

京大が一九七六年度に出題した問題を紹介しよう。一つの和歌に対するいくつかの解釈を並べたものであった。和歌は次のようである。

潮満てば入りぬる磯の草なれや見らく少なく恋ふらくの多き　（『拾遺和歌集』〈恋五〉坂上郎女）

（潮が満ちてくると海の中に隠れてしまう磯の海藻のようだなあ。逢うことが少なく逢えずに恋しく思うことが多いことだよ。）

一つ目の解釈は、『俊頼髄脳』（源俊頼）からで、「この歌はひがごととも申しつべし」と始まる。

▼磯の海藻は潮が満ちてくると海の底に隠れ、干潮になれば出てくるが、見えている時間の方が短いなどというのは間違いである。それは自然現象にあわない。

なんとバカな批評かと思ったが、最後はこのようにまとめている。

▼いつも目も離さず見ていたい人は、たまたま隠れて見えないことがあると、いつも潮が満ちていて隠しているように感じる。恋人と逢えない時間が逢える時間と同じであっても、恋の思いが強いので、恋しさゆえに長く逢えないように感じるのを、海藻が長く隠れているようだと詠んでいる。

干潮をまれなことと詠むことで、恋人に逢うことを切望している思いの強さを表現しているという解釈である。説得力のあるものだと思う。

次に、二つ目と三つ目の解釈はこうである。

▼一本の磯の草の様子とみて、潮が満ちてくると、見えている部分は少なく、潮に隠れた部分が多いのをたとえとして、恋人に逢うことは少ないと詠んでいる。

▼満潮になると丈の低い多くの磯の草は潮に隠れてしまい、ほんの少しの丈の高い磯の草の葉の先が見えるのをたとえとして、恋人に逢うことは少ないと詠んでいる。

一応理屈は通っているが、あまりに即物的すぎて、恋の心情につながる表現とも思えない。まともな歌人が真剣に論じるようなものではない気もするが、昔の歌論にはこんなのが結構ある。京大古文でもこんな歌論が出題される可能性が十分ある。

2 和歌の詠み方の基本はこのようなのです。

『冷泉家和歌秘々口伝』（二〇〇七年度―文系）

問題 別冊20ページ

難易度 B

出典

●『冷泉家和歌秘々口伝』は、中世の歌論書。冷泉家の人物の著作から、雑多な歌学の知識をかき集めて編集したものとされる。

●冷泉家は鎌倉時代の藤原為相を始祖とする歌道家で、相伝の歌書などを現代にまで伝えている。

解答へのアドバイス

●文系学部のみの問題である。特殊な和歌の用語を知らなくても、本文に書かれていることを正しく読み取ることで、十分合格点はもらえる。

●設問の意図がつかみにくいものもあるが、まずは全体の論理を踏まえた内容のおさえが大切である。

口語訳

俊成卿が言うには、「歌とはすべてのことについて、自分の心に思うことを言葉にして口に出すのを歌という」とおっしゃり、定家卿は「和歌に師はいない、(自分の) 心を師とする」とおっしゃった。だいたい (歌の) おもむきは簡単に会得しているのに、人それぞれの心の中で、他の所から、遙か遠くから探し出さなければならないように考えるので難しいのである。

この (和歌の) 道は、神代から始まって、わが国の特有の表現となった。人として生まれる者は、心がなく、言葉がない者はあるはずがない。だから、人が思うことを口に出して言うようなことは難しいはずがあろうか、いや、難しいはずがない。例えば、「ああ寒いなあ」と思い、「小袖を着たい、火に当たりたい」と口に出して言うこと、これがとりもなおさず歌である。歌の始めは、「ああすばらしい」と口に出して言いなさった、これが歌である。その後、心に思うことが多いので、言葉も多く言い連ねた。三十一文字に決め、句を五七五七七に決めたのは、「八雲たつ出雲八重垣」の歌から、この文字数と配置は聞いて感じがよいということで、今に至るまでそれに従っている。だから歌の本来の姿とは、ありのままのことを飾らずに口に出して言うことを根本としている。

それなのに万葉集の終わりの頃から、おもしろみを付け加えて歌の飾りとしたのである。例えば「ほのぼのと明石の浦」と詠んだようなものである。単に明石に冠する五文字であるはずならば、「播磨なる (＝播磨にある)」と置けばよいのに、「ほのかに明るい」などと言うのを、言葉のはなやかな美しさとしているのである。その時代にも飾らずありのままに詠んだものもある。人が化粧をしているのと、素顔であるのとのようなものである。

解説

問一 現代語訳の問題

「現代語訳」の設問なので、まずは語句に沿って逐語訳をしていこう。

▼おほかた姿はやすく心得たるを……「おほかた」は副詞で「だいたい・そもそも」、「姿」は設問に括弧書きで

示されているように「おもむき」である。「やすく」は形容詞「易し」の連用形で「たやすく・容易に・簡単に」、「心得」は「理解する・会得する」となる。「を」は接続助詞で、前後の内容を踏まえて訳を考える。

▼人ごとの心には、余所より、遠く求め出すべきやうに存ずる故に……「人ごと」は「人それぞれ」、「余所」は「他の所」、「べし（↑べき）」は当然の意味で「～なければならない」、「存ず（↑存ずる）」は「思う・考える」、「故に」は「～ので」である。

▼大事なり……形容動詞で、「①重大だ、②難しい」等の意味があるが、文脈を踏まえて訳を考える。

……以上をあわせると、次のようになる。

だいたいおもむきは容易に会得している……、人それぞれの心の中では、他の所から、遙か遠くから探し出さなければならないように考えるので……。

←「を」の訳　→「大事なり」の訳

ただ、このままでは訳も補いも不十分である。ここで設問文中に添えられている説明「人々の考え方が歌の姿（おもむき）を得難くさせていることを述べている」をヒントに、次のように考えてみよう。

人々の考え方が歌の姿（おもむき）を得難くさせている

⇩

歌の姿は本来容易に得られるものなのに、人々の考え方が歌の姿（おもむき）を得難くさせている

こうした骨太な論理を理解して初めて「を」「大事なり」の意味が理解でき、必要な補いもできるのである。

ポイントは次の三つである。

●歌の姿は本来どのようにしたら得られるのかを補う。傍線部直前の内容を整理して「自分の心を素直に詠み出せばよく」となる。

●前後が逆の内容であるので、接続助詞「を」を逆接で訳す。「～のに」となる。

●「大事なり」については、「やすく心得たる」と対応していることをおさえ、前ページに挙げたヒントの「得難く」に沿った訳とする。また〈得難い〉内容を確認する意味で主語部分を補う。「歌のおもむきの理解が難しい」「歌のおもむきの会得が難しい」等となる。これでわかるように、この「大事なり」は、前ページに挙げた辞書の意味では②の「難しい」が該当する。

答 ✿✿✿

だいたい歌のおもむきは自分の心を素直に詠み出せばよく容易に会得しているのに、人それぞれの心の中で、他の所から、遥か遠くから探し出さなければならないように考えるので、歌のおもむきの会得が難しいのである。

補いをした部分に波線を付けている。「大事なり」をどう訳したかで差がついただろう。

問二 現代語訳の問題

前問に比べてずっと易しい。語句に即しておさえ、補いを考えていこう。

(2) ▼その思ふことを口に言はんこと……「そ」は「人」、「の」は主格である。「言はん」の「ん」は直後に名詞「こと」が付いていて婉曲で、「～ような」の訳となる。

▼かたかるべしや……「かたかる」は形容詞「難《かた》し」の連体形で「難しい」、「べし」は当然の助動詞で「～はずだ」の訳となる。「人は心と言葉を持っている、だから」という前文から続くのだから、ここは「難しいはずがない」という内容となる。この「や」は反語である。

答 ✿✿✿

人が思うことを口に出して言うようなことは難しいはずがあろうか、いや、難しいはずがない。

反語をはっきりと訳に出しておこう。

(3)▼「多けれ」は、形容詞「多し」の已然形なので、直後の「ば」は確定条件を表し、「〜ので」がふさわしい。直訳なら「**心に思うことが多いので、言葉も多く言い連ねた**」となる。

答 ✿✿✿

人は自分の心に思うことが多いので、その心を表すのに言葉も多く言い連ねた。

二行の解答枠なので、いくつかの補い（波線部分）をしてふくらませている。

(4)▼この文字数くばり……直前の内容を受ける。「この文字数」は「三十一文字」、「くばり」は「五七五七七に配置すること」をさす。

▼今に学べり……「今に」は「今に至るまで」。「学ぶ（←学べ）」は「真似をする・真似して言う」の意で、「それを真似している・それに従っている」と訳す。

答 ✿✿✿

この三十一字の文字数と五七五七七の配置は聞いて感じがよいということで、今に至るまでそれに従っている。

波線部分は補った内容である。文末の存続の助動詞「り」は正確に訳したい。

問三 解釈を求める問題

設問には「解釈」とあるが、「どのようなことを言うのか」という問いかけからして、内容説明を求めているのであろう。

▼例へば「ほのぼのと明石の浦」と詠めるがごとし（＝例えば「ほのぼのと明石の浦」と詠んだようにである）

……「ほのぼのと明石の浦」は、直前で言われていた「(ありのままのことを飾らずに詠むのではなく) おもしろみを付け加えて歌の飾りとした」例となる。
▼ただ明石の五文字なるべくは、「播磨なる」と置くべきに (＝単に明石に冠する五文字にふさわしいようにしようというのならば、「播磨なる (＝播磨にある)」と置けばよいのに) ……設問中に「明石の五文字」は「明石に冠する五文字」だというヒントがある。明石に修飾語として付ける五文字としては地名に関する補足説明がちょうどよいと言っているのである。
▼ほのぼのと明らかなど言ふを (＝「ほのかに明るい」などと言うのを) ……「ほのぼのと明らか」と詠めば、「明らか」に「明石」の意味が重ねられて、地名の「明石」と「明し《あか》」が掛詞となる。技巧を用いておもしろみを出しているという。訳せば「ほのかに明るい明石」となる。
▼言の花のにほひにしたるなり (＝言葉のはなやかな美しさとしているのである) ……「にほひ」は「色美しく映える」の意で、「言の花のにほひ」とは飾った言葉をたとえたものである。
……以上を踏まえて解答例を二つ示そう。

答

ありのままのことを詠むのではなくおもしろみを付け加えて歌の飾りとした例として、「ほのぼのと明石の浦」がある。単に明石に冠する五文字であるのならば、明石がある国名をつけて「播磨なる」と置けばよいのに、「ほのぼのと」を冠することによって地名の「明石」と形容詞の「明し」を掛詞にして歌の飾りとしている。

誤りではないが、単に本文をなぞったものとなっており、解答枠 (四行) に対して分量が多すぎる。

答 ✿✿✿

「播磨なる明石」と単に地名を冠するのでなく、「ほのぼのと明石」とすることで「明石」と「明し」を掛詞として詠み込み、ほのかに明るい明石の浦という意味を持たせておもしろみを付け加えて歌の飾りとしている。

要点を絞った解答。分量を勘案して、こちらを模範解答とする。

問四 たとえの内容説明の問題

傍線部の逐語訳は、「人が化粧をしているのと、素顔であるのとのようなものである」となる。「ごとし」は比況の助動詞で、「〜ようだ」という**比喩**を表す。

直前の内容をおさえれば、次のような対応関係ととらえることができる。

●おもしろみを付け加えて歌の飾りとした＝人の化粧したる（化粧をしている人の顔）
●飾らずありのままに詠んだ＝ただがほ（素顔）

……以上をもとに、次のような解答が考えられる。

答 ✿✿✿

技巧を凝らして飾った歌と、飾らずありのままに詠んだ歌のようだということ。

ただ、これでは解答枠三行の答案ではない。内容的に見ても、単に両者を対比して並べただけではなく、筆者が後者（飾らずありのままに詠むこと）を重視していることは、引用された俊成・定家の言葉や、第二段落の「**歌の本体とは……本とせり**」から明らかである。よって和歌の二つのタイプを丁寧に説明して、**筆者の歌に対する考え方をも加えた答案**を考えてみた。

答

✿✿✿

おもしろみを加えて技巧を凝らし飾った、化粧した顔のような歌がある一方で、歌の本来の形を保ち心に感じるままを素直に詠んだ素顔のような歌もあるという意味。

波線部分を補うことで、後者を重視している意味合いを出している。

「たとえは、どのような意味か、説明せよ」という問いかけがあいまいで、出題者がここまで書くことを要求したのかどうか、やや迷う。しかし、ここまで書いておけば安心というところであろう。

コラム 12 「心」「言葉」「姿」

歌論では、専門的で特殊な意味合いを込めた用語が出てくることがある。ここでは「心」「言葉」「姿」を説明しておこう。

次の一節は、「**古今和歌集仮名序**」の冒頭である。

やまと歌は、人の心を種《たね》として、万《よろづ》の言《こと》の葉とぞなれりける。世の中にある人、ことわざ繁きものなれば、心に思ふことを、見るもの聞くものにつけて言ひいだせるなり。

（和歌は、人の心をもととして作られ、それが様々な言葉となった。この世の中に生きている人は、出会うことやすることが多いので、心に思うことを、見るもの聞くものに託して言い表したのである。）

「心」と「言葉」の二つの要素を想定しているが、その二つを同列とはしていない。「心」を「種」として、様々な「言の葉」となってあらわれていると述べ、和歌の本質を「心」に置いているのである。後世、和歌は「心」と「言葉」の二つからなるという立場が取られ、「心」に重きを置く定家の『**毎月抄**』や正徹の『**正徹物語**』と、「言葉」に重きを置く本居宣長の『**排蘆小船**』があらわれて対立した。

ちなみに、「言葉」と「言の葉」は同じで、「詞」の漢字をあてることもある。

次に「姿」は、外形・容貌をさす〈かたち〉に対して、内なる〈こころ〉のあらわれで、外形と内面とを統一したものと考えられた。歌学の用語として「姿」をとりあげたのは、平安中期の藤原公任で、「心」と「詞」が一体になったときにすぐれた歌が生まれ、それは歌の「姿」の美しさとしてあらわれると説いている。

ただ、歌論用語は難しい。同じ用語でも立場や使う場面によって意味が異なることも多い。京大も受験生にこのような専門知識を求めているとは考えられない。だからこそ、本問でも「姿」に「おもむき」という注釈を付けたのであろう。したがって、解説でもこういった知識を前提とした説明は行わなかった。受験生諸君は、生半可な知識に頼らず、与えられた文章全体の論理を正しく読解することが大切だと思う。

3 「契りを結ぶまでの命があればなあ」なのですか？

『新古今集美濃の家づと』（一九九七年度―前期）

問題 別冊22ページ

難易度 C

出典

●出典は、本居宣長『新古今集美濃の家づと』〈四の巻・恋歌三〉の一節。『新古今和歌集』の注釈書である。

●本居宣長は、江戸時代後期の国学者・歌人で、『源氏物語玉の小櫛』『玉勝間』等の著作がある。

解答へのアドバイス

●必ずしも論理的とは言えない論の運び・表現の部分もあり読みづらい。文章全体の高度な解釈力が求められている。

●とりわけ、**問一**・**問二**は「超難」である。京大の古文では、時にこのような厳しい問題が出題されることもあると知っておくのも「実戦的対策」と言えよう。

口語訳

(A)　題知らず　西行

契りを結ぶまでの命があればなあと思ったことが、悔やまれることだなあ、私の心であるよ。

「契りを結んだ後は、いよいよ恋しい思いがますます強くなっていくことを思うと、まだ契りを結ばなかった時に死んでいたならば、このような（つらい）思いはしなかっただろうに、契りを結ぶまで命があればなあと願ったことは、今思うと悔やまれる」という意味である。昔の注釈書に、「契りを結んでしまうと、またいつまでも（生き長らえて契りを重ねたい）と命が惜しくなってしまったので、契りを結ぶまでの命があればなあと願ったことは悔やまれる、と詠んでいるのである」と言っているのは、初めの二句の言葉の意味に少しあっていない。「てにをは」の使い方を細かく吟味すべきである。歌を詠んだ人の考えが、もしその注釈書のような意味ならば、「あふまでと惜しき命を思ひしは」と言っていいところである。「と」文字と「を」文字とを考えてみるべきである。「惜しい」という言葉も「今は惜しい」という意味であって、（原歌の）「くやし」という言葉と呼応しているはずである。しかし「あふまでの命もがな」と言っていて、ただ何としても契りを結ぶまでは生きながらえたいと願う意味であるのに。（古き抄は、それを理解していないのだなあ。）

（B）　風に寄せた恋　　　　宮内卿

聞いているか、どうか。上空を吹く風でさえも、松の梢に吹きつけ音をさせる習性があるように、何の感情も思いやりもない風でさえも、人が待つ所には訪れるのが世の常であると。

すばらしい歌である。下の句、言葉がすばらしい。「聞くやいかに」とは、「これこれが世の常のことであるということを聞き及びなさっているか」ということに、その風の音を聞く意味をも兼ねている。「うはの空なる」は、世俗で言うのと同じ意味で、〈何の感情も思いやりもない風〉ということであって、〈上空を吹く〉と縁のある言葉である。「まつに音する」は、松の梢に吹く風の音がすることを、〈人が待つ所には訪れる〉の意味に取っている。契沖が言うには、「この第一句は、人を道理で問いつめるようで、女の歌としては特にどうかと思われるのである。『聞くや君（＝あなたは聞いているか）』と言うならば、まさっているだろう、と申す人がいました」と言っていた。本当に「いかに（＝どうか）」は少し言い過ぎに聞こえるのである。

解説

問一 和歌の現代語訳の問題

(A)の和歌の「あふ」は「契りを結ぶ」。「もがな」は終助詞で「〜があればなあ」。「くやし（←くやしかり）」は「後悔される」。「けり（←ける）」は詠嘆の意。逐語訳は、「**契りを結ぶまでの命があればなあと思ったことが悔やまれることだなあ、私の心であるよ**」である。一見わかりやすい和歌に思えるのだが、この設問では、「宣長の解釈」に従った訳と、「『古き抄』の解釈」に従った訳が問われる。微妙な違いをしっかり考えたい。順に見ていこう。

(1)▼「あひ見て後、いよいよ思ひのいやまされるにつきて思へば、いまだあはざりしほどに死にたらむには、かかる思ひはあるまじきものを、あふまであらむ命を願ひしは、いま思へばくやし」が宣長の解釈である。

▼「あひ見る（←あひ見）」は「契りを結ぶ」、「思ひ」は「恋しい思い」、「いやまされる」は「ますます強くなっていく」。「死にたらむには」は「死んでいたような時には」が直訳だが、「死んでいたならば」でいい。「あるまじき」の「まじ（←まじき）」は打消推量の助動詞で、「〜ないだろう」。「あらむ命」は「生きるような命」で、「命があればなあ」と願ったことをいう。「くやし」はここでは「後悔される・悔やまれる」。

……語句に即して直訳すれば、次のようになる。

契りを結んだ後は、いよいよ恋しい思いがますます強くなっていくことを思うと、まだ契りを結ばなかった時に死んでいたならば、このようなつらい思いはしなかったであろうに、契りを結ぶまで命があればなあと願ったことは、今思うと悔やまれる。

(2)▼「あひぬれば、またいつまでもと命の惜しくなりぬれば、あふまでの命と願ひしはくやし」が「古き抄」の解釈である。

▼「またいつまでも」の直後には「生き長らえて契りを重ねたい」を補う。「惜しくなりぬれば」は「命が惜しくなってしまうので」の意。「あふまでの命」は「契りを結ぶまでの命」である。

……以上をあわせると、次のようになる。

契りを結んでしまうと、またいつまでも生き長らえて契りを重ねたいと命が惜しくなってしまったので、契りを結ぶまでの命があればなあと願ったことは悔やまれる。

▼「現代語訳せよ」という設問なので、語句に即して逐語訳すればよさそうだが、右の**(1)(2)**の訳の最後あたりだけを見るとほぼ同じで、このままでは、「**違いがはっきりとわかるように**」という設問の指示に答えていない。ここは、両者の「悔やまれる」に至るまでの違いを整理してみるのがよいだろう。

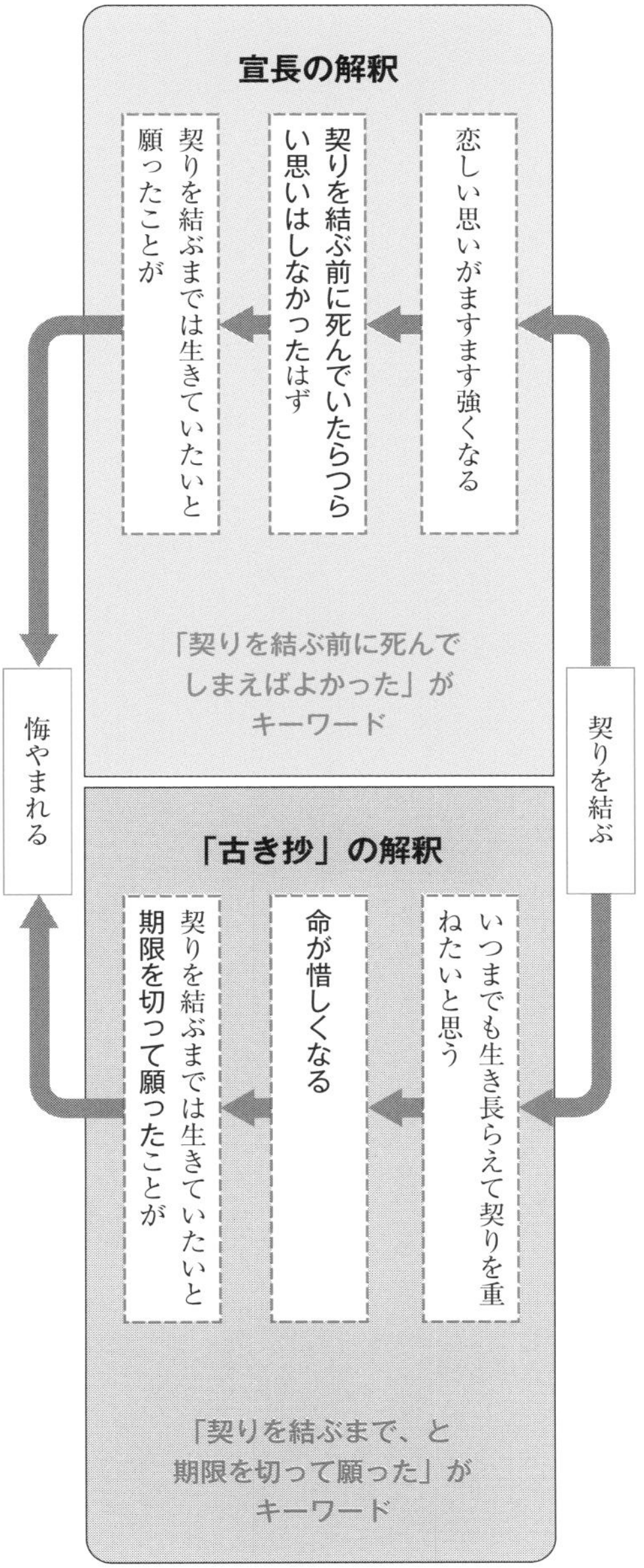

宣長の解釈
恋しい思いがますます強くなる
契りを結ぶ前に死んでいたらつらい思いはしなかったはず
契りを結ぶまでは生きていたいと願ったことが
「契りを結ぶ前に死んでしまえばよかった」がキーワード
契りを結ぶ
悔やまれる
「古き抄」の解釈
いつまでも生き長らえて契りを重ねたいと思う
命が惜しくなる
契りを結ぶまでは生きていたいと期限を切って願ったことが
「契りを結ぶまで、と期限を切って願った」がキーワード

……模範解答を示す。「現代語訳せよ」という設問なので、語句に沿った訳は丁寧に書き込んだ。また「違いがはっきりとわかるように」という注文があるので、右で考察した二通りの内容を簡潔に補った（波線部分）。なお、この時代の解答枠は、縦罫がなく思いのほか多くの文字数が入るので、たっぷりと書いておいた。

（1）

答

契りを結んだ後は、いよいよ恋しい思いがますます強くなっていくことを思うと、まだ契りを結ばなかった時に死んでいたならば、このようなつらい思いはしなかったであろうに、つまり契りを結ぶ前に死んでしまえばよかったのに契りを結ぶまで命があればなあと願ったことが、今思うと悔やまれる。

（1）（2）とも、右に示したキーワード（波線部分）を盛り込み、「違い」を出している。

（2）

答

契りを結んでしまうと、またいつまでも生き長らえて契りを重ねたいと命が惜しくなってしまったので、契りを結ぶまでの命があればなあ、つまり契りを結ぶまでは生きていたいと期限を切って願ったことは悔やまれる。

問二　内容説明の問題

「古き抄」の解釈に対する宣長の批判を説明する問題である。宣長が「古き抄」の解釈について評している記述に沿って考えてみる。

▼初二句の言葉のさまにすこしかなはず……「かなはず」は「あわない、合致しない」の意で、「『古き抄』の解釈」は初二句（＝「あふまでの命もがな」）の表現から見て間違いである、という意味。以下に、二つの観点から理由を述べている。

1 助詞の使い方

▼てにをはの運びをこまかに味はふべし……「てにをは」は助詞のこと。「運び」は「使い方」の意。

▼歌ぬしの心、もしその意ならば、「あふまでと惜しき命を思ひしは」といひてよろしきなり……歌の作者の考えが、もし「古き抄」のようならば、歌は「あふまでと惜しき命を思ひしは」となるはずだ、という意味。

「あふまでと―惜しき命を―思ひしは」は、「契りを結ぶまでは生きていたいと―惜しい命のことを―思ったのは」の意味で、契りを結ぶまで生きていればよく契りを結べば死んでもよいと、生きる期間を限定したことになり、「古き抄」の解釈に合致する（問一(2)参照）。

ただ、西行の歌は「あふまでの命もがなと思ひしは」で、宣長の解釈によれば「契りを結ぶまで命があればよいと思ったのは」の意味で、契りを結ぶまで生きたいと願ったことを悔やみ、契りを結ぶ前に死んでしまえばよかったというもので、「古き抄」の解釈とはあわない。

▼「と」文字と「を」文字とを思ふべし……助詞を正しく理解すべきだ、の意。

「古き抄」が助詞、特に「と」と「を」を正しく理解していないから、解釈の間違いが起きたのだと言っているのだが、こうした歌論の多くがそうであるように、その理由を論理的に説明してくれない。「あふまであらむ命を願ひ」（宣長）と「あふまでの命と願ひ」（「古き抄」）の違いを受験生が自力で考察することは難しい。これについて自分で説明を付け加えようとはしないこと。こうした言葉を研究していた宣長が断言するのだから そうなのだろうと納得しておくのである。

2 「惜しき」について

▼「惜しき」といふ言葉も「今は惜しき」にて、「くやし」といふにかけ合ふべし……「かけ合ふべし」は「呼応しているはずである」の意。

宣長の解釈は「いま思へばくやし」で、以前願っていたことについて「今となっては悔やまれる」とするのに対し、「古き抄」の解釈では「願ひしはくやし」で、過去において願ったことを後悔しているだけとなる。「いま思へばくやし」でないと、原歌の「くやしかりける」と呼応しなくなり、この歌の「あふまでの命もがなと思ひし」ことを後悔している点を正しく理解していないことになると批判している。

……模範解答を示そう。

答

「古き抄」の「契りを結ぶまで」と期限を限定して命を願ったという解釈は、初二句が「あふまでと惜しき命を思ひしは」でないと成り立たない。これは助詞を正しく理解していないゆえの誤解である。また、「惜しき」という言葉も、願った時に「惜しんだ」のではなく、「今は惜しい」という意味でないと下の「くやし」と呼応せず、この歌の「あふまでの命もがなと思ひし」ことを悔やんでいる思いを正しく理解していないことになる。

読み取りが難しい部分だが、本文に沿って宣長の考えをまとめる。設問の指示通り、「批判」のニュアンスを出すこと。

問三

和歌の解釈の問題（「宣長の解釈を参考に」「わかりやすく」という注文がついている）なかなか凝った歌なので、現代語訳も一筋縄ではいかない。段階を踏んで考えてみよう。

▼まずは、語句に即してざっと直訳をしてみよう。「聞くやいかに」は「聞いているか、どうか」、「うはの空な

る風」は「上空の風」、「だに」は副助詞で「～でさえも」、「まつに音する」は「松の梢に吹きつけ音をさせる」、「ならひ」は「習性・世の常」である。以上をあわせると次のようになる。

答

聞いているか、どうか。上空の風でさえも、松の梢に吹きつけ音をさせる習性があると。

▼ただ、この歌には「**風に寄する恋**（＝風に関係づけて恋の思いを表す）」という題がついているので、「恋」を**詠んだ内容**となるはずである。宣長の解釈によれば、「うはの空なる風」と「まつに音する」には、次のように二重の意味が重ね合わされているという。

	自然（風景）	心情（恋）
うはの空なる風	上空を吹く風	何の感情も思いやりもない風
まつに音する	松の梢に吹きつけ音をさせる	人が待つ所には訪れる

「上空を吹く風」「松の梢に吹きつけ音をさせる」を比喩の部分と考えて、「～のように」でつなぐと、次のようになる。解答の第一歩であるが、こう書けば合格答案である。

答

聞いているか、どうか。上空を吹く風でさえも、松の梢に吹きつけ音をさせる習性があるように、何の感情も思いやりもない風でさえも、人が待つ所には訪れるのが世の常であると。

波線部分を付け加え、二重の意味を説明している。

▼次に、設問の「わかりやすく」に応じるために、もう一歩踏み込みたい。この歌は、「何の感情も思いやりもない風でさえも、人が待つ所には訪れるのが世の常であるとあなたは聞いていますか」と呼びかけているのだが、そこには作者の思いが感じ取れる。この「風」は「相手」のことをいっていて、「私が待っているのにあなたは訪ねてくれない」と、恋しく思う男に恨み言を言っているとおさえたいところである。あまり踏み込みすぎると大変であるが、この程度までは記述したい。少し凝り過ぎたかとも思うが、私の模範解答である。

答 ✿✿✿

あなたは聞いていますか、どうですか。上空の風でさえも、松の梢に吹きつけ音をさせる習性があるように、何の感情も思いやりもない人でさえも、待っていれば訪れるのが世の常であることを。それなのに、待っている私の所を訪ねようとしない薄情なあなたは、この松風をどのような気持ちで聞いているのですか。

作者の思いを読み取れば、波線部分を付け加えることができるだろう。

問四 内容説明の問題（「わかりやすく」という注文がついている）

設問の「契沖・宣長の批判」は、「契沖の批判」「宣長の批判」と分けて整理するといいだろう。

▼契沖の批判は、「契沖云ふ」に続くカギ括弧の部分で述べられているが、二つの内容からなる。

① この発句、人を理りにいひ詰むるやうにて、女の歌にはことにいかにぞやあるなり。

「発句」は第一句のことで、「聞くやいかに」をさす。「いかにぞや」は「どんなものだろうか」の意で、「ふさわしくない・よくない」といった不満・批判を表す。ここは、「『聞くやいかに（＝聞いているか、どうか）』の第一句は、人を理詰めで詰問するようで、女の歌としてはふさわしくない」と批判しているのである。

② 『聞くや君』といはば、まさらむ、と申す人侍りき

「人」が言ったのは《『聞くや君』といはば、まさらむ》の部分で、《『聞くやいかに』を『聞くや君（＝あなたは聞いているか）』と詠んだならば、まさっているだろう》の意味となる。この部分が契沖の考えと合致するとは明記されていないが、このように引用していることから、契沖がこの「人」の考えをよしとしていると考えられる。

ちなみに、「聞くやいかに」が理詰めで詰問口調だと感じられるのは、「や」という疑問の係助詞と、「いかに」という副詞の疑問詞を重ねたゆえだろう。それに比べれば「聞くや君」は、疑問の語が一つで、「きみ」という穏やかな語が用いられており、そうした感が弱まるのである。

▼宣長の批判は、「まことに」で始まる最後の一文に示されている。

「いかに（＝どうか）」という宮内卿の言葉づかいは、少し言い過ぎに聞こえるということで、宣長も契沖と同じ意見であることを述べている。

……模範解答は次のようになる。他の設問に比べれば易しい。

答 ✿✿✿

契沖は、「聞くやいかに」は相手を理詰めで詰問するようで女の歌としてよくないと批判し、「聞くや君」の方がよいとするある人の意見に賛同している。宣長も、「いかに」は言い過ぎだと契沖の意見に賛同している。

コラム13 「逢ふ」と「死ぬ」のオンパレード

「あふ」は恋歌の題材としては魅力的であったようだ。いくつかの歌を紹介しよう。

あひ見てののちの心にくらぶれば昔はものを思はざりけり　（藤原敦忠『拾遺和歌集』）

はじめて女の所に泊まった翌日に送った歌というから「後朝《きぬぎぬ》の歌」である。「あなたに逢って一夜を過ごした後の今のせつない恋心に比べると、逢う以前は物思いと言えるようなものではなかったことよ」の意味である。

本居宣長の言う「あひ見て後、いよいよ思ひのいやまさる」と同じ思いである。逢瀬を遂げた後のつらく苦しい思いを詠んだ歌である。

昨日まで逢ふにしかへばと思ひしを今日は命の惜しくもあるかな　（藤原頼忠『新古今和歌集』）

これも「後朝の歌」である。「逢ふにしかへば」は、逢うこととの引き換えならばということ。「昨日までは逢うこととの引き換えでなら命など惜しくもないと思っていたが、今朝はその命が惜しまれることだ」の意である。「古き抄」の言う「あひぬれば、またいつまでもと命の惜しくなりぬれば」と同じ思いである。

忘れじの行く末まではかたければ今日をかぎりの命ともがな　（儀同三司母『新古今和歌集』）

こちらは女性の歌で、男が通い始めたころに詠まれたものである。「いつまでも忘れまい、とおっしゃるそのお言葉が、遠い将来までは頼みにしがたいので、そのお言葉があった今日という日を最後とする私の命であってほしいものです」の意である。歌の中に「あふ」は出てこないが、逢って恋が成就した今日という日を最高の幸せと思うとともに、いつかは忘れられるのではないかという前途への不安を詠み込んでいる。

あらざらむこの世のほかの思ひ出に今ひとたびの逢ふこともがな　（和泉式部『後拾遺和歌集』）

「まもなく私は死んでしまうでしょう。あの世への思い出として、死ぬ前にもう一度お会いしたいものです」の意である。重病の床に臥していた時に恋人に送った歌である。〈死の予感で強まるいちずな恋心〉といったテーマであろう。

4 和歌は「をさなかれ」「おろかなる」がポイントです。

『三のしるべ』（二〇一九年度―文系）

問題 別冊24ページ

難易度 C

出典

● 『三《みつ》のしるべ』は、江戸時代後期の国学者である藤井高尚の国学論・歌論書である。

● 古道論を説いた「道のしるべ」、歌論である「歌のしるべ」、文章論の「文のしるべ」からなる。問題文は、「歌のしるべ」の一節である。

解答へのアドバイス

● 文系学部のみの問題である。「をさなかれ」や「おろかなる情」がどういうことをさすのかをまずおさえたい。さらにそれらの具体的な内容を本文の記述に即して整理していこう。

● 「指示語の内容を明らかにして」や「何を問題視しているのか」等の条件を正しく踏まえた答案を書こう。

口語訳

俊恵法師は、ひたすら歌を、幼くあれと言っている。この人は、歌の情をよく知っている人である。幼い人は思う心がひたすら深く、愚かなことを言う。歌の情もそのようであるからである。

山部（赤人）の大人《うし》の歌に、

富士の峰に降り積もった雪は六月の十五日に消えてしまうとその夜にまた降るのだなあ

とお詠みになったのも、愚かな情をおっしゃったのである。そうであるからまったくたいそう情趣深く聞こえる。この歌は、富士山の雪が永久に消えないことを言ったものである。それを「六月の十五日にも消えない富士の白雪であるよ」と詠んでいたとしたら、ありきたりの歌人であったに違いない。「十五日に消えてしまうと」と言っているのが、言いようもなくおもしろい。今この歌の情を考えると、富士山の雪がいつも消えないのを見て、とても高い山であるので、寒くて（雪が）消えないという道理を知らない幼い（子どもの）気持ちになって、すべての雪というものは、降っては消え、消えては降るので、富士山の雪も必ずそのようであるだろうに、消えた時が見えないのは不思議だと、しばらくぼんやりと眺めながらじっと考え込んで（次のように）思いついたのである。富士山はとても高い山であるので、雪も消えることができなくて、他の場所とは違っているのだろう。この山に降り積もった雪は、六月の十五日の暑さが盛りの時に消えて、その夜に降るのだなあ。そうであるから（雪が）消えた時が見えないのであろうと、ありもしないことを言った歌であって、とてもとても情趣深いのである。本当に歌の情は、このようにありたいものだ。何ともおもしろく、何ともすばらしく、代々の歌人がまったく及びがたい所である。（山部）赤人は（柿本）人麻呂の下に立つようなことは難しいとも、歌に不思議なほどすぐれているともおっしゃった（紀）貫之主は、歌のありようをよく知っておられた人であると思い知らされるよ。それなのに万葉集の昔から今までの数々の注釈書に、この「十五日に消えてしまうと」の歌を、富士山の雪は本当に六月の十五日に消えて、その夜に（また）降るもののように理解して、特別なことがなさそうに説明しているのは、まったく歌の情を理解していない説であるなあ。本当にそのようであるならば、山部（赤人）の大人の歌とも思えない下手なありのままに詠んだだけの歌である。雪が消えるほど暑いとしたら、どうしてその夜に（雪が）降るだろうか、いや降るはずがない。そのようにはあり得ないことを思い言うのが、しみじみとした歌の情である。それをわからないのは、昔のすぐれた歌のさまを尊重したり慕ったりしないがゆえに、心が及ばないのであるよ。そのように古歌をいいかげんに見過ごしては、まったく柿本、山部の二人の大人の歌のしみじみとした情の深いことは、決して知ることはできないだろう。この大人たちの気持ちを理解して、よくよく考えてみると、歌で理屈っぽいことを言うのは、たいへんな間違いであるよ。理屈っぽいことは、文章に書いて言うべきである。昔からすぐれた歌には、自分が知っていて得意げである様子や、自分が利口だと誇る気持ちなどを、まったく言わないのも、人がしみじみと思うに違いないように詠むのが歌だからである。

解説

問一 内容説明の問題

「おろかなる情」について、どういう「情」かを説明せよという設問であるが、どこまで深めた答案が求められているのかわかりづらい。答え方としては、次の三つの方向が考えられる。

Ⅰ＝本文全体の内容を踏まえて、丁寧に説明する。

Ⅱ＝直前の和歌の内容をもとに、和歌に即して説明する。

Ⅲ＝最初の二行の理解を前提に、簡潔な言い換えをする。

Ⅰのように本文全体を踏まえるとなると、いくら的確にまとめても、解答欄の二行では収まりきらない。それに、**問二**以降、特に**問五**の内容と重複する。また、この年に京都大学が公表した「出題意図」（124ページ参照）によると、「『おろかなる情』という本文のキーワードを読みとらせ、本文全体への解釈の指針にさせる」とあることから、この問は、「おろかなる情」の簡潔な言い換えでよく、内容を踏まえた説明は、**問二**以降で尋ねていると判断できる。以上のことから、私は**Ⅲ**の方向がよいと思う。また、直前に助詞「も」があり、その前に挙げられた和歌は一例であるので、**Ⅱ**のように和歌にだけこだわるのはよくない。

「**おろかなる情**」に関連した表現を抜き出して整理してみよう。

▼**ただ歌をば、をさなかれ**……「**をさなかれ**」は形容詞「**をさなし**」の命令形。歌のありようは「幼くあれ」つまり「**子どものようであれ**」と言っているのである。「子ども」には「ものにとらわれない・素直・純粋・自由」といったイメージがある。

▼**をさなき人は思ふ情ひとへにふかく**……「**ひとへに**」は「ひたすら・一途に」の意で、「**幼い人はものを感じる思いが一途で深い**」の意味。幼い人は、ひたすら深く物を思うと言っているのである。

▼（**をさなき人は**）**おろかなる事をぞいふ**……「**おろかなる**」は形容動詞「**おろかなり**」の連体形。「おろかなり」には、「①おろそかだ・いいかげんだ、②愚かだ・思慮が浅い」の意味があるが、ここは②の方。ただ、筆者はそれを否定的な意味合いで用いているのではない。この「おろかなる」は、八行目の「ことわりはしらぬをさなきこころ」あたりを参考にすれば、「**道理にとらわれず一見おろかに見える**」のように説明することができよう。

……以上の三点を踏まえて、簡潔な言い換えのものを模範解答として示しておく。

答

幼い子どもの心のように、道理にとらわれない一見おろかに見えるような、ひたすら深く物を思う素直な心。

「をさなし」「思ふ情ひとへ」「おろか」の三ポイントをもとに解答を作成する。

問二 現代語訳の問題

「現代語訳」の設問なので、まずは語句に沿って逐語訳をしていこう。

▼**それ**……「指示語の内容を明らかに」という注文がある。「**それ**」は直前部の「ふじの雪のとことはに消えぬ

事」を指す。「とことは（に）」は「永久に・いつまでも」の意味だが、見慣れない語である。文脈をおさえて類推するか、「とこ」＝「常」の漢字の連想から考える。

▼みな月の望……「みな月」は「水無月」と書き、旧暦六月のこと。「望」は「満月」の意だが、陰暦で毎月の十五日のことをいう。〈古典の基礎知識〉と言えよう。

▼よみたらんには……「たら」は完了の助動詞「たり」の未然形。「ん」は婉曲・仮定の助動詞で、婉曲で訳せば「〜たような時には」、仮定で訳せば「〜たとしたら」となる。どちらでもよい。

▼かいなでの歌よみ……「かいなでの」は「平凡な・ありきたりの」の意味だが、見慣れない語である。文脈から否定的なニュアンスであることをおさえ、何とか訳語を工夫する必要がある。

……模範解答を示す。「指示語の内容を明らかに」という注文以外は、ほぼ逐語訳に徹した。

答 ★★★

富士山の雪が永久に消えないことを「旧暦六月の十五日にも消えない富士山の白雪であるよ」と詠んでいたとしたら、山部赤人はありきたりの歌人であったに違いない。

主語の「山部赤人は」は必ず補っておこう。

問三 現代語訳の問題

これも現代語訳の設問なので、まずは語句に沿って考えていこう。

▼さるからに……「さるから」は「それゆえに・だから」の意。直後に「に」が付いても同じ意味。

▼見えぬにこそ……「ぬ」は打消の助動詞「ず」の連体形、「に」は断定の助動詞「なり」の連用形、「こそ」は係助詞で直後に「あらめ」を補って訳す。

これらをあわせて、逐語訳は「**それゆえに、消えた時が見えないのであろう**」となる。

現代語訳の設問であるが、「さるからに」の内容を明らかにせよという条件が付いている。雪が消えた時が見えないのは、どういう事情からかを考える。本文の該当部分は、「ふじはいみじき高山なれば、雪も消えがてにして、こと所とはことなるべし。この山にふりおける雪は、みな月の望のあつささかりのかぎりに消えて、その夜ふりけり」である。

▼ふじはいみじき高山なれば、雪も消えがてにして、こと所とはことなるべし……「消えがてにして」の「がてに」は「〜できないで」の意。「こと所」は「他の所」の意で、ここは「富士山以外の所」の意味。訳は、「富士山はとても高い山であるので、雪も消えることができないで、他の場所とは違っているのだろう」である。

▼この山にふりおける雪は、みな月の望のあつささかりのかぎりに消えて、その夜ふりけり……「みな月」＝旧暦六月、「望」＝十五日、「あつささかりのかぎり」は夏の真っ盛りで年中で最も暑い時をいう。訳は、「この山に降り積もった雪は、六月の十五日の暑さ盛りの時に消えて、その夜に降るのだなあ」である。

……「さるからに」の内容にあたる部分をコンパクトに要約すると、次のような解答となる。

答 ✿✿✿

富士山はとても高く雪が消えにくいので、降り積もった雪は最も暑い盛りの六月十五日にやっと消え、再びその夜に降るゆえに、雪の消えた時が見えないのであろう

波線部分が「さるからに」の指示内容である。

問四 内容説明の問題

傍線部の直前の「万葉集のむかし今の注さくども」に注意しよう。**注**により「注さく」は「注釈書」のことで、「万葉集の昔から今までの数々の注釈書」をさしている。これらの注釈書の解釈と、筆者の解釈の違いを整理してみよう。

◆古今の注釈書の解釈

「ふじの雪はまことにみな月の望に消えて、その夜ふるもののやうにこころえて、こともなげに説ける」と書かれている。口語訳は、「富士山の雪は本当に六月の十五日に消えて、その夜にまた降るもののように理解して、特別なことがなさそうに説明している」となるが、「こともなげに」が難しい。ここは、特別な意味あいが込められていることに気づくことなく、事実その通りであったものとしてさらりと解釈しているというのである。換言すれば、**歌の字面通りの解釈に終始してしまっている**と言える。

◆筆者の解釈

古今の注釈書の解釈について、「むげに歌の情を見しらぬ説なりけり」（＝まったく歌の情を理解していない説であるなあ）と批判している。

ここで、筆者が「歌の情」について書いている二箇所に目をやろう。

▼（十二行目〜）「（「ふじのねに」の歌は）あらぬ事をいへる歌にて、いといとあはれふかきなり。まことに歌の情は、かくこそあらまほしけれ。」（＝ありもしないことを言った歌であって、とてもとても情趣深いのである。本当に歌の情は、このようにありたいものだ。）

▼（十七行目〜）「雪の消ゆばかりあつからんに、いかでかその夜ふるべき。さはあらぬ事を思ひいふが、あはれなる歌の情なり。」（＝雪が消えるほど暑いとしたら、どうしてその夜に雪が降るだろうか、いや降るはずがない。そのようにはあり得ないことを思い言うのが、しみじみとした歌の情である。）

このように、筆者は「歌の情」は「あらぬ事」を詠むことだと言っている。「あらぬ事」は、「道理・理屈上あり得ないこと」の意である。事実はそうでないのだが、そのように表現することで赤人はしみじみとした深い感動を表現しているのである。歌の字面通りの解釈に終始するだけでは、赤人の詠もうとした「歌の情」は理解できない、この歌もそのようなものとして解釈しないといけないと筆者は言っている。

以上を踏まえて、「筆者は何を問題視しているのか」に答えることになる。「本当はAのようであるのに、Bは、Cのように考えている点を問題視している」と答えればいいのだが、解答欄が二行と小さいので、ポイントだけを的確に書き込まないといけない。かなりの難問である。

答 ✿✿✿

昔からの注釈書は、歌の字面通りの解釈に終始して、赤人の詠もうとした深い感動に気づかないでいたこと。

「歌の情」という言葉をそのまま答えるのではなく、一歩踏み込んで「詠み手の感動」(⇧本当はA」の内容)に言及したい。

問五 内容説明の問題

筆者が考える「いにしへのよき歌」とはどのようなものかを問うているが、解答欄が四行と大きく、「本文全体を踏まえて」という注文もあるので、この文章全体をもとに丁寧に記述する必要がある。

まず、傍線部の二行後の、「この大人たちのこころをえて、つらつら思へば」以下の箇所に注目したい。「大人たち」すなわち「柿本、山部」の教えにそって、よくよく考えてみるとこうであると言っているのである。

▼歌もて道々しき事いふは、いみじきひがことなりけり。道々しきことは、文にかきてこそいふべけれ。

……「道々し」は「理屈っぽい」、「ひがごと」は「間違い」の意。⇧ポイント①

▼いにしへよりよき歌には、おのがこころえがほなる事、たけきこころなどを、さらにいはざるも、

……「こころえがほ」は「知っていて得意げである様子」、「たけし(↑たけき)」は**注**のように「自分が利口だと誇るさま」の意。⇧ポイント②

▼人のあはれと思ふべくよむが歌なればなり。

……「人がしみじみと思うように詠むのが歌だからである」の意。⇧ポイント③

ポイント①・②が「これこれでない」、③は「これこれである」となっている。他に「これこれである」と書かれている箇所を探し出したい。俊恵法師に関連した箇所、赤人の歌を論じる形で書かれている。

●（一行目）ただ歌をば、をさなかれといへり。
●（一〜二行目）をさなき人は思ふ情ひとへにふかく、おろかなる事をぞいふ。
●（五行目）おろかなる情をいはれたるなり。さるからにいといとあはれふかくきこゆ。
●（八行目）ことわりはしらぬをさなきこころになりて、
●（十二行目）あらぬ事をいへる歌にて、いといとあはれふかきなり。
●（十八行目）さはあらぬ事を思ひいふが、あはれなる歌の情なり。

歌論の特徴として、ほぼ同じ内容のことが繰り返し言われている。それがキーワードとなるので、いくつかおさえてみよう。

▼「をさなかれ」⇧ポイント④
▼「思ふ情ひとへに深く」⇧ポイント⑤
▼「おろかなる情」「ことわりはしらぬ」「あらぬ事をいへる」「さはあらぬ事を思ひいふ」⇧ポイント⑥

……ポイントとして六つを挙げておいたので、これらを使ってうまく記述をしたい。

答

理屈っぽく得意げに自分を利口だと誇る気持ちを持たず、幼い子どものように、道理や現実にあるかどうかにもとらわれることなく、一途に深く感じるままの素直な思いを、聞く人がしみじみと感じるように詠むもの。

右のポイントを①、②、④、⑥、⑤、③の順でまとめた。③で締めくくるとまとまりがよいだろう。

コラム14 京大発表の「出題意図」について

近年、多くの国立大学は入試問題について、「出題意図」という文書を開示している。この『三のしるべ』について京大が発表したものを紹介しておく。

（問題全体）

近世後期の国学者藤井高尚（一七六四～一八四〇）の文章である。本書は文政12年（一八二九）の高尚晩年（65歳）の作で、一度上梓した「道のしるべ」「歌のしるべ」「文のしるべ」をあらためて合冊集成したものである。このうち「歌のしるべ」より出題。当該箇所では和歌を学ぶ上では表現と現実の関係よりも、作者の感動の所在に注意せよと説く。

（個別問題）

問一：「おろかなる情」という本文のキーワードを読みとらせ、本文全体への解釈の指針にさせる。

問二：和歌の表現について述べた箇所を現代語訳させ、あわせて古典の基礎知識の習熟度を確かめる。

問三：筆者が考えるところの「おろかなる情」の具体的な心の動き（感動の所在）がわかる箇所を現代語訳させる。

問四：本文において筆者が歌を学ぶ上で注意してほしい事柄がわかる箇所を読みとらせ、作者の感動と表現の関係を答えさせる。

問五：本文全体の理解度を測る上で、筆者の理想とするところの「いにしへのよき歌」を読みとらせて答えさせる。

筆者の主張を「作者の感動の所在に注意せよ」とまとめてあるのはみごとである。また、設問は、段階を踏んで内容を考えさせながら、「本文全体の理解度を測る」（問五）という意図を持って作成されているというからすばらしい。私などが京大の出題を評価するのはおこがましいのだが…。ただ、大学によっては「答え」を示しているところもあるので、できれば京大も「解答例」まで示してもらえたらうれしい。

ちなみに、私は問一の解答を作るのにこの出題意図を参考にした（117ページ）。また、問二の「みな月」「望」もそうした意図を持って出題されているとわかった。

第四章　江戸随筆アラカルト

この章では江戸時代の随筆を扱う。江戸の学者や文人たちによって書かれたもので、硬質な評論から、自らの心情を気ままに書きつらねた随筆まで多種多様である。特に難解な文章とは言えないのだが、近世文特有の表現に慣れていないと読解しにくい。また、〈大人が、大人の思いを、大人の流儀で〉書いているので、受験生の感覚からはほど遠いものとなっていることも、難しく感じられる要因であろう。

1 同じ学者の学説が前と後で違うのはいいことなの？

『玉勝間』（二〇一三年度－理系）
問題 別冊27ページ
難易度 A

出典

●『玉勝間』は、江戸時代後期成立の随筆。作者は国学の大成者として知られる本居宣長である。

●『玉勝間』は、文学・言語・有職故実・思想から趣味・人生・見聞まで内容は広範囲にわたる。特に、師と学問に対する態度を記す文章は、よく知られている（132ページコラム参照）。

解答へのアドバイス

●理系のみの問題で、設問数も少なく、京大の古文としては易しいものである。

●古文を苦手とする受験生は、このような問題で内容理解・解答作成の練習を積むのがよいだろう。

口語訳

同じ学者の学説が、こちらとあちらとで食い違って同じでない場合は、どちらに従えばよいのかと判断に迷ってしまって、だいたいその人の学説が、すべてあてにならない気持ちが自然としてしまうのは、それは一応はもっともなことであるけれども、やはりそうとは限らない。最初から最後まで学説が変わっていることがないのは、かえって感心しない点もあるよ。初めに考え決めておいたことが、時間が経った後にまた別のよい考えが出てくるのは、よくあることなので、初めのと変わっていることがあるのはよいのである。年が経って学問が進んでいくと、学説は必ず変わらないわけにはいかない。また自分の初めの間違いを後で知ったからには、包み隠さないで潔く改めているのも、たいそうよいことである。とりわけ我々の国学の道は近年から広がり始めたことであるので、すぐにすべては考え尽くすことができるのではない。人を経て年を経てこそ、次々に明らかになっていくはずのものであるので、一人の学説の中でも前の学説と後の学説が違うことは、もちろんないというわけにはいかないものである。それは一人の生涯の間にも、次々と明らかになっていくのである。だからその前の説と後の説との中では、後の方の説をその人の決まった学説とするべきであるよ。ただしまた、本人が初めの説をよくないと思って改めたが、また後に（他の）人が見る時には、やはり初めの学説の方がまあまあよくて後の学説はかえってよくないこともないわけではないので、いずれにしても選択は見る人の判断によるのである。

解説

問一 現代語訳の問題

京大古文の現代語訳では、語句に即した逐語訳が前提だが、場面を踏まえた意訳が必要になることも多い。

▼同じ人の説の……この文章は学問（国学）について書かれているので、「人」は「学者」、「説」は「学説」としたい。

▼ここかしこと……「ここ」は「こちら」、「かしこ」は「あちら」。ここまでで、「同じ学者の学説が、こちらとあちらとで」となる。

▼ゆきちがひてひとしからざる……「ゆきちがふ（←ゆきちがひ）」は現代語でも使い、「会おうとして出かけていったのに会えない・食い違う」ことを言う。ここは「食い違って」となる。「ひとしから」は形容詞「ひとし（等し）」の未然形で、「ず（←ざる）」が付いて「同じでない」となる。

▼いづれによるべきぞとまどはしくて……「よる」は「基づく・従う」の意。「べし（←べき）」は適当の意味で「〜のがよい」の訳となる。「まどはしく」は、動詞「まどふ（＝迷う）」が形容詞化したもので「紛らわしい・判断に迷う」となる。

▼大かた……副詞で「およそ・だいたい」の意。

▼すべてうきたるここちのせらるる……「うき」は動詞「うく」の連用形。「うく」には「浮く・心が落ちつかない・軽率に振る舞う・根拠がない・あてにならない」等の意味があるが、ここは文脈から「あてにならない」がぴったりあう。「せらるる」の「らるる」は、自発の助動詞「らる」の連体形で、「自然と〜してしまう」「〜せずにはいられない」の訳となる。

……以上をもとに、次のようにする。

答 ✿✿✿

同じ学者の学説が、こちらとあちらとで食い違って同じでない場合は、どちらに従えばよいのかと判断に迷ってしまって、だいたいその人の学説が、すべてあてにならない気持ちが自然としてしまうのは、

「ひとしからざる」を正しく訳し、「らるる」を自発で訳すことは必須である。

問二 理由説明の問題

まず、傍線部(2)の意味を考えよう。「なほ」は副詞で「それでもやはり・そうはいってもやはり」、「さ」も

副詞で「そう・そのようで」の意。「しも」は副助詞＋係助詞で強調を表す。ここは直前の「一わたりはさる事なれども（＝一応はもっともなことであるけれども）」を受けて、「必ずしも〜とは限らない」の意である。全体では、「**そうはいってもやはりそうとは限らない**」の訳となる。

この二つの「そう」は、**問一**で説明したように〈同じ学者の学説が食い違って同じでない場合は、どちらに従えばよいのか迷って、その人の学説がすべてあてにならなく思える〉ということであるが、傍線部(2)ではそれを否定し、学説は変化するものであると言っている。その理由を説明させるのがこの設問である。

筆者は傍線部(2)から後の所でその理由を説明しているので、受験生としては、その中からキーワードとなる語句・表現をうまく抜き出して記述をすればよいわけだが、本居宣長のこの文章は、ほぼ同じような表現を繰り返し述べていて、結構ごちゃごちゃとした印象を受ける。内容を丁寧に読み解きながら、〈理由〉に当たる部分を整理していくことにしよう。

▼Ⅰ＝はじめに定めおきつる事の、ほどへて後にまた異なるよき考への出で来るは、つねにある事なれば、はじめとかはれる事あるこそよけれ。（＝初めに考え決めておいたことが、時間が経った後にまた別のよい考えが出てくるのは、よくあることなので、初めのと変わっていることがあるのはよいのである。）

▼Ⅱ＝年をへて学問すすみゆけば、説は必ずかはらでかなはず。（＝年が経って学問が進んでいくと、学説は必ず変わらないわけにはいかない。）

▼Ⅲ＝またおのがはじめの誤りを後にしりながらは、つつみかくさできよく改めたるも、いとよき事なり。（＝また自分の初めの間違いを後で知ったからには、包み隠さないで潔く改めているのも、たいそうよいことである。）

⇧〈理由〉の中心部分。

⇧Ⅰの補足説明。

⇧「潔く改めること」のよさを述べていて、〈理由〉に直結しない。

▼Ⅳ＝殊にわが古学の道は近きほどよりひらけそめつる事なれば、すみやかにことごとくは考へつくすべきにあらず。（＝とりわけ我々の国学の道は近年から広がり始めたことであるので、すぐにすべては考え尽くすことができるのではない。）

▼Ⅴ＝人をへ年をへてこそ、つぎつぎに明らかにはなりゆくべきわざなれば、一人の説の中にもさきなると後なると異なる事は、もとよりあらではえあらぬわざなり。（＝人を経て年を経てこそ、次々に明らかになっていくはずのものであるので、一人の学説の中でも前の学説と後の学説が違うことは、もちろんないというわけにはいかないものである。）

▼Ⅵ＝そは一人の生のかぎりのほどにも、つぎつぎに明らかになりゆくなり。（＝それは一人の生涯の間にも、次々と明らかになっていくのである。）

▼Ⅶ＝さればそのさきのと後のとの中には、後の方をぞその人のさだまれる説とはすべかりける。（＝だからその前の説と後の説との中では、後の方の説をその人の決まった学説とするべきであるよ。）

……以上を整理して、「理由」の中心部分はⅠ・Ⅱで述べられているとつかむ。さらに傍線部（2）は「同じ学者の学説」について言われていることなので、Ⅴの表現をうまく取り込むと記述しやすいだろう。

⇧「国学」の性格を補足的に述べていて、傍線部（2）の〈理由〉に直結しない。

⇧Ⅰ・Ⅱの説明の繰り返し。

⇧Ⅴの補足説明。

⇧論のまとめだが、〈理由〉ではない。

答

✿✿✿

学問は時間が経った後にまた別のよい考えが出てくるのはよくあることなので、初めの学説と変わらないわけにはいかず、ある学者の学説も、年とともに研究が進めば、学説が後になって変わるのは当然であるから。

Ⅰ・Ⅱをまずまとめること。「理由」に直接関わらないⅢ・Ⅳ・Ⅶの部分の説明をだらだらと引き写すのでなく、ポイントを的確に記述したい。

問三　内容説明の問題

内容説明の問題なので、最初に傍線部の口語訳をして、具体的にどういう内容かをおさえていくのが鉄則なのだが、「えらび」「見む人の心になむ」の訳がしづらい。ここは、傍線部直前の内容を整理しながら、「どういうことか」を考える糸口としよう。

筆者は「そのさきのと後のとの中には、後の方をぞその人のさだまれる説とはすべかりける《後の説をその人の決まった学説とするべきであるよ》」＝**A**と提示した後、「但しまた」と逆の考えを示す。「後に人の見るには、なほはじめのかたよろしくて後のはなかなかにわろきもなきにあらざれば《初めの学説の方がまあまあよくて後の学説はかえってよくないこともないわけではないので》」＝**B**というのである。筆者は結局**A**と**B**のどちらが正しいかを言わないで、傍線部のようにまとめてしまっているわけである。

語句に即して、傍線部の内容を考えていく。

▼えらびは……「えらび」は「選択・どちらを選ぶか」の意味で、ここでは、右の**A**「後の説をその人の決まった学説とするべきだ」と**B**「初めの学説の方がよい」の選択である。

▼見む人の……「見る」(↑見)」は、直前の「えらびは」を受けて「判断する」の意味となる。「む」は婉曲。

▼心になむ……「心」は「考え」で、「になむ」の直後には「あらむ」を補って、「考えであるのだろう」となる。ちなみに、「に」は断定の助動詞、「なむ」は係助詞である。

……全体では「**いずれにしても選びは判断する人の考えであるのだろう**」の訳となる。「えらび」を具体化して解答としよう。

答　✿✿✿

学者の説は、後の方をその人の決まった学説とするべきであるが、初めの説の方がよい場合もあるので、どちらがよいかは結局判断する人の考え次第だということ。

「えらび」の内容を正しくおさえることができれば難なくまとめられるだろう。

コラム15　『玉勝間』は京大古文の頻出出典

京大古文では、同じ出典からの出題はあまりなく、例外は『玉勝間』である。一九八〇年度、一九九九年度（前期）、二〇〇六年度（後期）、そしてここで取り上げた二〇一三年度（理系）と四回も出題されている。

●一九八〇年度出題分

　大かた世のつねに異なる、新しき説をおこすときには、よきあしきをいはず、まづ一わたりは、世の中の学者ににくまれそしらるるものなり。あるはおのがもとよりより来つる説と、いたく異なるを聞きては、よきあしきを味ひ考ふるまでもなく、始めよりひたぶるにすてて、とりあげざる者もあり、あるは心のうちには、げにと思ふふしもおほくあるものから、さすがに近き人のことにしたがはむことのねたくて、よしともあしともいはで、ただうけぬかほして過ぐすたぐひもあり、あるはねたむ心のすすめるは、心にはよしと思ひながら、その中の疵《きず》をあながちにもとめ出して、すべてをいひけたむとかまふる者もあり。

新しい学説はまずは世の学者に憎まれ非難されるものであると述べ、良し悪しを考えるまでもなくうち捨てる学者、また心中よしと思いながらも無理やり欠点を言い立てる学者を厳しく批判している。

●二〇〇六年度後期出題分

　世の物しり人の、他の説のあしきをとがめず、一むきにかたよらず、これをもかれをもすてぬさまに論をなすは、多くはおのが思ひとりたる趣をまげて、世の人の心に、あまねくかなへむとするものにて、まことにあらず、心ぎたなし。たとひ世の人は、いかにそしるとも、わが思ふすぢをまげて、したがふべきことにはあらず。人のほめそしりにはかかはるまじきわざぞ。

他の学者の説の良し悪しを明言しないでいる学者が多いがこれはあるべき態度ではないと批判し、自分の意見をはっきり示すべきであると論じている。

いずれも、その当時の学者のありようを論じたものであるが、本居宣長にとって大きな関心事であったらしい。また、そういった文章を京大の先生方が何度も素材文として使っておられることも興味深く思う。

2 「流浪の身となった」作者は何を考え、どう行動した？

『肥後道記』（二〇一八年度―理系）　問題 別冊29ページ　難易度 A

出典

●『肥後道記《ひごみちのき》』は、西山宗因の手になる紀行文である。肥後から京までの旅日記で、和歌・俳諧を多く含む。
●作者は、江戸時代前期の連歌師・俳人である。

解答へのアドバイス

●文章・設問ともに量は多くない。理系の典型的な問題と言えよう。
●三問とも難しい設問ではない。ただ、背景・状況を踏まえて丁寧に書き込むことが求められているので、内容的にどこまで深めるのかは難しい。

口語訳

そもそも（加藤家が）この肥後の国を治め始めなさった年月を数えると、四十年あまり、二代にわたって藩主でいらっしゃったので、勇猛な武士も恩恵が深いので馴れ親しみ、身分の低い人々も草木が風になびくように徳政のすばらしさに心から従って、家は富み国が栄えていた拠り所を失ってから、身の置き所もない様子で（みなが）途方に暮れていることは、尋常ではない。取るに足りない身である私も頼りにしていた人（＝加藤正方）に付き従って、東の方の武蔵の国までさまよい歩き回って、今年の七月の頃都へ帰り上っても、やはり住みなれた（肥後の）国のことが忘れがたく、親兄弟や恋しい人が多くて、見舞いがてら下りましたが、去年今年のつらさと耐えがたさは、互いに言葉にもならない。こうしてしばらくいて、また京の方へと思ひ立ったが、年老いた親や、古い友などが惜しんで引き止めて、貧しい時も同じ所にいて互いに力を合わせようなどと、さまざまに言うので、見捨てがたくはありましたが、留まることができる手だてもなく、今後のことといっても決めていることもないけれども、知らない土地では（こんな）わが身を恥じることもないだろうなどと心に決めて、九月の終わり頃に、秋の別れとともに（肥後国を）出発します。

解説

問一　現代語訳の問題

まずは、気をつけたい語句を見ていこう。

▼あやしの民の草葉……「あやし」は、「民」を修飾するなら「身分が低い・卑しい」、「草葉」を修飾するなら「みすぼらしい・粗末だ」の意味となる。

▼徳風……「徳」には、「①人として行うべき道を立派に行うこと・人に感化を及ぼす高い人格、②（神仏や帝王などから与えられる）恵み・恩恵・慈悲」等の意味があるが、ここでは「徳」が「風」を修飾している。

▼かうばしきになびきて……「かうばし（←かうばしき）」には、「①香りがよい、②りっぱだ・すばらしい」の意味がある。これも二通りの意味が考えられそうである。

直訳は、「**身分が低い民の粗末な草の葉も徳のあるすばらしい風のよい香りになびいて**」となるが、これではごちゃごちゃしてよく意味がわからない。設問に付された「比喩を明らかにしつつ」という条件をヒントに、「草葉」（**A**）と「民」（**B**）の二つに分けて整理してみよう。**A**が〈比喩〉の部分で、**B**が〈本筋〉の部分であるとわかる。

A＝粗末な草の葉――**よい香りの風に**――――なびく
B＝身分の低い民――**徳のあるすばらしい風に**――なびく

ここの「徳のあるすばらしい風」は、前後の文脈と注をもとに「**加藤藩主が民に与える恵み・恩恵**」を「風」にたとえたのであるとおさえる。「かうばしき」は「藩主の政治のすばらしさ・善政」ということになる。

……以上をもとに、次のようにする。

答 ✿✿✿

粗末な草葉もよい香りの風に吹かれてなびくように、身分の低い民も熊本藩主のすばらしい善政に心から従って、

「A（比喩）のようにB（本筋）」という形で訳せばよい。Bの「なびく」は「心から従う」と言い換えた。

問二 内容説明の問題

まずは、直訳から。「こぞ」は「去年」の意。「うし（←うさ）」は「つらい」、「つらし（←つらさ）」は「苦痛だ」の意だが、あわせて「つらさ苦しさ・辛苦」でいい。全体では「**去年から今年にかけてのつらさ苦しさは、お互いに言葉がない**」となる。

この設問は「どのようなことを言っているのか」を尋ねているので、具体的な内容を考えていこう。

▼**こぞことしのうさつらさ**……リード文に、「肥後国八代城主、加藤正方」「正方の主君であった肥後国熊本藩主の改易処分に伴い、宗因は正方ともども流浪の身となった」とある。「城主」「藩主」「改易」などになじみの

ない受験生も多いかと思うが、〈「正方（＝城主）」の「主君であった」「熊本藩主」〉と示されているので、二者の上下関係はわかるだろう。また「改易」とは、江戸時代、大名の領地を没収して身分を奪う刑罰をいい、大名家に仕えた武士たちもこれにより職を失って生活の糧がなくなり、途方に暮れたようである。「改易」に関する特別な知識がなくても、リード文や問題文の内容から類推することができよう。

宗因の行動を問題文に従って整理すれば、次のようになる。①〜④が、作者宗因の「こぞことしのうさつらさ」である。

①
1632年の5月、藩主の改易で流浪の身となる

⇩

②
主人に付き従って東の方の武蔵の国までさまよい歩く

⇩

③
今年の7月、京都に上る

⇩

④
親兄弟や恋しい人を訪ねて肥後に戻る

⇩

⑤
9月末に肥後を出立する

▼たがひに……直前に「親はらから恋しき人おほくて」とあるので、この「互いに」は、肥後に戻ってきた宗因と、肥後にいた親兄弟や恋しい人とを指していっていると理解したい。宗因の「うさつらさ」は右に述べたが、親兄弟や恋しい人の「うさつらさ」は問題文には直接書かれていない。肥後の国に残って生活している彼等の〈武士としての家柄を失ったつらさ〉〈生活の糧を失ったつらさ〉は推測することはできるが、答案には無理に具体的に書く必要はないだろう。

▼言葉もなし……「言葉にできないほど……であった」の意味である。「……」にあたるのは、「堪えがたくつら

いもの」「堪えがたいもの」となる。

……以上をもとにすると、次のような解答となる。

答 ✿✿✿

改易処分に伴い東国や京をさすらい再び熊本へ戻ってきた宗因の去年から今年にかけての辛苦も、熊本に留まっていた宗因の親兄弟や恋しい人たちの辛苦も、お互いに言葉にできないほど堪えがたいものであったということ。

「たがひに」とあるので、宗因のつらさに加えて、親兄弟や恋しい人にとってのつらさに必ず触れること。

問三 現代語訳の問題

単に「現代語訳」としてあり、「言葉を補いつつ」などの条件はないが、解答枠から考えていくらかの補いと、内容をふくらませることが必要であろう。順におさえていこう。

▼**とどまるべきよすがもなく**……「とどまる」は、「肥後の国に留まる」ということ。「べし（↑べき）」は可能の助動詞で、「なし（↑なく）」と呼応している。

ポイントは「よすが」であろう。辞書的には次のような意味がある。

①身を寄せる所・頼る所
②頼りとする人・縁者
③頼みの綱・手段・方法

「肥後の国に留まることができる……もなく」となるのだが、肥後には宗因の親兄弟や旧友がいて、身を寄せる所もあると思われるので、①・②の意味にはならない。ここは③の意味で、「**生活の手段・暮らしていくための生活の手だて**」と考えたい。宗因は武士の身分を失い、生計を立てる手段がなくなった境遇であること

第四章

を踏まえれば、**肥後の国で暮らしていける生活の手段が今はない**のである。したがって、ここは単に「肥後の国に留まることができない」ではなく「肥後の国に留まって暮らしていくことができる生活の手段がない」ことをいっていると見抜きたい。傍線部直前の親兄弟や旧友の「まづしき世をもおなじ所にありてかたみに力を添へむ」という言葉から、肥後での宗因の生活が貧しいものとなるであろうと推測できよう。一見易しいように見えるが、ここまで要求されていると考えるなら、標準以上の難易度である。

▼行く末とてもさだめたる事もなけれど……「行く末」は「将来・今後」のこと。「とても」は「といっても」。後半は「決めていることもないけれども」である。

▼しらぬ里は身をはづることもあらじ……「里」は「土地」の訳でいい。「身」は流浪の身になった宗因自身のことである。

……以上を踏まえて、次のような解答を作ってみた。

答 ✿✿✿

肥後の国に留まって暮らしていける生活の手だてもなく、今後のことといっても決めていることもないけれども、知らない土地ではこんな流浪の我が身を恥じることもないだろう

「身」を「我が身」とすることは必須である。〈知る人のいない土地でならどんな我が身であってもかまわないだろう〉という趣旨をとらえたい。

それにしても京大はどうして四行の解答枠を設定したのだろう? 何かを書かせたかったにちがいない。後半部分をふくらますことを考えよう。

① 「流浪の我が身」の具体的内容を書き込む。〈武士でなくなり、**生活に困窮する**〉といった内容になる。

② 「知らない土地では我が身を恥じることがない」の理由にあたるものを書き込む。「知らない土地」は、**今までの作者の境遇・生活を知らない人たちの住む土地なので、人目を気にすることがない**ことから、我が身を恥

じることもないというのである。

③「我が身を恥じることもない」と考えた筆者の生き方を推測して書き込む。西山宗因が連歌師で俳人であるという文学史の常識を前提にすれば、宗因が自由の身となって、たとえば連歌・俳諧に生きることができると考えたと推測したらどうだろう。

以上の三つのポイントを入れて、後半部をふくらまそう。ただ、《何の条件もついていない現代語訳の設問である》、《理系学部で出題された問題である》、《京大は文学史の常識を前提とした解答を求めないはず》、といったことを考えると、ちょっと強引な補足かと思うが、模範解答の一つとして次のものをあげておく。古文の力が十分ある人は参考にしてほしい。

答 ✿✿✿

肥後の国に留まって暮らしていける生活の手だてもなく、今後といっても決めていることもないが、知らない土地では人目を気にしないので武士でなくなって困窮する我が身を恥じることなく、風流三昧に生きることもあろう

コラム16 新しく出版された書籍からの出題

私は、長年古文を教え参考書などを執筆してきて、入試問題に採用されるような作品はたいてい目にしたことがあるのだが、この**『肥後道記』**は見たことがなかった。さっそく図書館で検索してみると、『西山宗因全集　第四巻』（八木書店）に採録されていた。

一度肥後に帰った宗因がその国を離れて京まで旅する際の二十日間ほどの紀行文で、十ページほどの短いものであるが、和歌と俳諧が多く載せられている。

ちなみに、この『西山宗因全集』の全六巻の出版完結が二〇一七年四月である。明治四十一年にはじめて活字化されたものらしいが、この全集によって広く読まれるようになった。京大の出題が「二〇一八年度」なのも偶然ではあるまい。

二〇〇六年度前期出題の**『松蔭日記』**は、二〇〇四年に岩波文庫として刊行された本から採られている。それまでほとんど活字化されていなかったもので、新しく日の目を見た作品からの出題と言える。ちなみに、校注者は上野洋三先生という京大文学部で国文を専攻なさった方である。

この『松蔭日記』は、江戸幕府の将軍綱吉の側用人柳沢吉保の側室である正親町町子の作で、吉保の半生の記録とも言えよう。中古文に近く、読みやすい文体である。ページ数の関係もありこの問題集には載せられなかったが、ぜひ見てほしい問題である。

最後にもう一つ。こちらは出版から少し年度が下るが、一九九二年刊行の『新日本古典文学体系79』（岩波書店）に採録されている**『三野日記』**が**一九九六年度後期**に出題されている。

作者がある家で見かけない木を見つけ、あるじに胡椒の木だと聞いて、中津の殿様に献上したいと所望する。あるじは差しあげる代わりに、殿様が何か書きなさったものをいただきたいという。「胡椒」という名を詠み込んだ歌が末尾に添えられているお洒落な文章である。

このように、京大の古文の出典を見てみると、試験実施の少し前に出版された書籍からの文章というのも多い。

3 江戸の文人は「月」をどんなものととらえていたの？

『駿台雑話』（二〇〇〇年度―後期）　問題 別冊31ページ　難易度 B

出典

●『駿台雑話』は、江戸中期の儒学者である室鳩巣の手になる随筆で、朱子学の立場から学問や道徳の大綱を説く。
●出題された部分は、和歌を含む随想的な文章である。

解答へのアドバイス

●特に難解な文章とは言えないのだが、〈月を見て古人を偲ぶ〉という内容は受験生諸君の感覚からはほど遠いと思われる。書かれていることを丁寧に読み取る必要がある。
●設問も難解とは言えないが、設問の意図を十分に汲み取って解答をまとめる必要があろう。

口語訳

「大体において、月を賞美するなどということはしないのがよい。（この月というものは、見ることが重なれば、人間の老いにつながるものだから）」と（業平は）詠んでいるけれども、老いの心も月を見ることで慰められます。しかし、月を眺めるにつけて永遠に続く長い年月への思いもきっと起こるので、なるほど（業平は）月を「人間の老いにつながるもの」と詠んだのに違いないようだ。ただし月を見るにもいろいろな見方がある。今思い出しました。（私が）子どもの時、家で八月十五夜の（月見の）宴があって、（私が）ひとり隅の方を向いて座っていた時に、ある武士で無学な者が、月をつくづくと見て、「月は直径が何尺あるのだろうか。皆さん考えてごらんなさい」と言う。また同じような（無学な）人々が、そばから、「あれは月の切り口と見える。奥行きの長さはどれほどであろうか」と言って、お互いに論議していたのを、聞く人々は皆あきれ果てた。私も幼な心ながらも滑稽だった。今にして思うと、世間では、月を賞美して、光の明るさを自慢したり、光の澄んでいるのを賞美して、良い月夜だと言ってむやみに集まり、物を食い酒を飲みなどして歌い騒ぐのを楽しみとしたりするのは、あの（月の）直径や奥行きを議論するのときっと同じであるにちがいない。漢詩人が月を眺めて、どの言葉もどの句も美しく見事に詠ずるのも、風雅には思えるけれども、それもただ情景のうわべを見ておもしろがるだけであって、月に深い感慨があることを知らないのであろう。

私が無限永遠の感慨と申すのは、私の同輩についてもそうだが、昔の人を慕って、その人の書物を読み、その人の心を理解しつつも、常に時が経ってしまった恨みがあるが、月だけは各時代の人を照らしてきて今もあるので、昔の人の形見とも言えよう。だから月に向かって昔のことをしみじみと思っては、まるで昔の人の面影が（月に）映るように思われ、月はものを言わないけれども、ものを言うようにも思われ、（年月が経過したことを）忘れて昔のことを尋ねたくも思うのである。

私は、昔『楚辞』を読んでいて、「過ぎた昔に私は追い付けない。将来のことを私は聞くこともできない」という箇所に至って、屈原の心情を推測しながら、感慨に堪えないと感じた。この二句の意味を説明すると、屈原は一生のうちに自分をよく理解してくれる人がないのを悲しんで、「昔の人は本当に私の考えとぴったり合っているので、ああ一度会って話してみたいと思うけれども、その（昔の）時代に至ることがないので（語り合うことも）できない。

また後世にそのような人がいて、私と同じ心を持つであろうと思うが、その人のことを聞かないので、（それが）誰だとわかろうか、いやわからない」と言ったのである。この思いは屈原に限らず、昔から今に至るまで心ある者はすべて、大体この恨みの気持ちがないことはない。私もこの心を抱いて月を見るからであろうか、ますます感慨深く思われるのである。もとより現在は後世から見れば過去であるので、いずれの時代にか、また私のように月に対して現在を懐かしく思う人もあるだろうか。月はさだめしその時代をも照らしているのだろう。もし頼んで告げることができたならば、月にそれでは一言を残しただろうにと思います。その思いを（詠んだ歌は）、

月を眺めていると、どこにいるのかわからない後世の人々のことまでも自然と思い慕われて、時が離れているのでまだ出会ったことのない昔の人々にもいっそう心ひかれることよ。

解説

問一　現代語訳の問題

江戸時代の古文は、何となく意味がわかりそうな文章が多いのだが、前後の文脈を踏まえ、重要語句・語法を正しくおさえるという古文解釈の基本が大切である。何となく言い換えただけの現代語訳では評価してもらえないであろう。

(1) 傍線部（1）は〈月を見ること〉について言われている。在原業平の歌（「おほかたは…」）を踏まえたものなので、注をもとに歌の内容をしっかりおさえたい。

▼**それにつきて**……「**それ**」を具体化する。「月を見るにつけて」となる。

▼**千載無窮**……「**千載**《せんざい》」は「千年・長い年月」、「**無窮**《むきゅう》」は「はてしないようす・無限・永遠」。あわせて「永遠に続く長い年月」の意となる。「無窮」がやや難。

▼起こりぬれば……この「ぬれ（助動詞「ぬ」の已然形）」は完了より強意がふさわしい。「きっと起こるので」となる。

▼うべ……副詞で「なるほど・いかにも」の意。あることに同意・賛成する意を表す。ここでは、業平の詠んだ歌の内容に同意しているのである。

▼「人の老いとなる」……カギ括弧がついているので、業平の歌の引用である。この部分の訳は、**注**に従うのがいいだろう。

▼いふべかめり……「べか」は助動詞「べし」の連体形「べかる」の撥音便の無表記で、当然の意味。「めり」は助動詞で推定の意味。

答

月を眺めるにつけて永遠に続く長い年月への思いもきっと起こるので、なるほど業平は月を「人間の老いにつながるもの」と詠んだのに違いないようだ。

「それ」の具体的な内容と、「いふ」の主語（業平）は、必ず示さなくてはならない。

(2) 傍線部(2)は、直前に引用された『楚辞』の「往きし者は余及ばず。来たる者は吾聞かず」（＝過ぎた昔に私は追い付けない。将来のことを私は聞くこともできない）を説明した箇所である。

▼古人はまことにわが心を得たれば……「わが心を得」は「自分の考えとぴったり合う・自分の思い通りだ」の意。現代語の「我が意を得たり」という言い回しと同じである。

▼あはれひとたび会うて語らうてと思へど……「あはれ」は感動詞で、「ああ」の意。「会うて」は「会ひて」、「語らうて」は「語らひて」のウ音便形。「語らうて」と「と」の間に「みむ」を補う。全体で「ああ一度会って話してみたいと思うけれども」となる。

▼その世に及ばねばかなはず……「その世」は「昔の時代」のこと。「及ばず」は「追い付かない・届かない・

至らない」、「かなはず」は「できない」の意。直訳なら、「その時代に至ることがないのでできない」となるが、内容的には**「自分は昔の人が生きていた時代から離れているので、語り合うこともできない」**ということである。

▼末の世にさる人こそありて、我と心を同じうすらめ……「末の世」は「後世」。「さる人」は「そのような人」で、同じ心を持つ人をさす。「同じうすらめ」は「同じ心を持つであろう」の意。

▼その人を聞かねば、誰とか知らん……「誰とか知らん」は反語表現で、「誰だとわかろうか、いや誰かわからない」となる。

答

昔の人は本当に私の考えとぴったり合っているので、ああ一度会って話したいと思うが、昔の時代に行けないのでそれはできない。また後世にそのような人がいて、私と同じ心を持つであろうと思うが、その人のことを聞かないので、それが誰だとわかろうか、いやわからない

「その世」「末の世」をどう訳すかがポイントの一つ。末尾の反語も正確に訳したい。

問二 理由説明の問題

(A) 傍線部を含む一文は、「(a)は、(b)に等しかりぬべし」となっているが、ここでは「なぜこのようなことがいえるのか」と理由が問われているので、次のように整理して**a**〜**c**の三要素を考えるとよい。

　[a]は、[b]に、[c]という理由で、同じであると言える。

aは、傍線部直前の「世俗、月を賞して、光の明きを誇り、影の清きにめでて、良夜とてただうち寄り、物喰ひ酒飲みなどして歌ひののしるを楽しみとする」の部分が該当する。まとめれば、〈①**月の明るさや澄むさまを**

賞美する〉、〈②むやみに集まり宴会をし歌い騒ぐ〉となる。

bは、傍線部の「かの寸尺を語る」の部分が該当する。これは、注を参考にすると、筆者が子どもの頃に目にした、無学な者が「月の直径や奥行きを議論する」様子をさしている。

cは、傍線部を含む一文には書かれていない。直前の内容に戻ると、bについて「聞く人々皆舌を喰ひけり（＝あきれ果てた）」や「翁も…をかしかりし（＝滑稽だった）」と書かれている。

……以上をもとに答を作ってみた。

答

月の明るさや澄むさまを賞美し、むやみに集まり宴会をして歌い騒ぐ様子は、月の直径や奥行きを議論するさまと、あきれ果て滑稽だという理由で、同じと言えるから。

a・bの内容は的確だし、cも一応理由らしくなってはいるが、これでは荒っぽい。

「月を賞美し、歌い騒ぐ様子」が「あきれ果て滑稽だ」というのでは荒っぽい。この文章の内容を踏まえた理由としては不十分であり、合格点はもらえないだろう。本文の別の箇所にヒントとなる表現を求めよう。

傍線部の直後の「騒人墨客の月を眺めて、字ごとに金玉を雕り、句ごとに錦繍を裁するも、風雅には聞こゆれども、それもただ景気の上を翫ぶばかりにて、月に深き感あることを知らぬなるべし」に注目する。前半は〈③漢詩人が月を眺めて、どの言葉もどの句も美しく見事に詠ずるのも〉（注による）だが、それを受けて後半には、〈風雅には思えるけれども、それもただ情景のうわべを見ておもしろがるだけであって、月に深い感慨があることを知らない〉とある。aで示した①・②よりも普通は風雅であると考えられる③も否定されていることに注意しよう。ここで言われている理由は、「情景のうわべを見ておもしろがっている」「深い感慨があることを知らない」というのである。それは「表面的だ」「見方が浅い」ということなのだろう。

……以上を踏まえてまとめれば、次のようになる。受験生が書く答案としてはこれで合格点であろう。

答 ✿✿✿

月の明るさや澄むさまを賞美し、集まり宴会をして歌い騒ぐ様子は、情景のうわべをおもしろがるだけで、月に深い感慨があることを知らないという理由で、月の直径や奥行きを議論するさまと、同じであると言えるから。

「 a 」は、 b に、 c という理由で、同じであるから。」に右のa～cを当てはめている。

ただ、「月に深い感慨」の中身を示すとすれば、第一段落の、月を見て「千載無窮の感」を感じてこそ深い境地だという内容を書き込むことになる。そういった趣旨で作ったのが、次の模範答案である。

答 ✿✿✿

月を賞美し宴を開き詩歌を作るのと、月の直径や奥行きを議論するのとは、どちらも月によって時の永遠の流れを感じるという深い感慨からはほど遠く、月に対する表面的・世俗的な見方で、同じようであると思われるから。

波線部は「 c という理由」を具体的にふくらませており、より深みのある解答となる。

京大古文の設問の中には、どのレベルまで深めた解答を求めているのかにとまどうものがある。これもそうしたものの一つである。

(B) ここは、傍線部を含む段落の内容をまとめる設問である。傍線部直前に「今にあれば（＝今もあるので）」という原因理由を表す表現があるので、直前の内容を整理するとよい。

▼古人を慕ひて、その書を読み、その心を知りつつ……「昔の人を慕って、その人の書物を読み、その人の心を理解しつつも」の意である。

▼常に世を経たる恨みある……「常に時が経ってしまった恨みがある」の意で、「恨み」は時代が経って会いに行くこともできず残念に思うことをさす。

▼**月ばかりこそ世々の人を照らしきて今にあれば……**「月だけは各時代の人を照らしてきて今もあるので」の意である。

ちなみに「形見」とは「過ぎ去った昔を思い出させるもの」の意で、傍線部は「**(月は)昔の人を思い出させるものとも言えよう**」である。

……以上をまとめれば、次のようになる。

答 ✿✿✿

心の通じ合う昔の人に会いたいと思ってもその時代に戻ることはできないが、それぞれの時代の人を照らした月は今も変わらず空にあって私たちを照らしているので、月を見ると昔の人のことを自然に思い出させるから。

根拠となる傍線部の直前の部分を、「形見」に適切につなげるところがポイントである。

問三 内容説明の問題

「どういうことをいっているのか」という内容説明の問題であるが、まずは語句に沿った直訳をしておこう。「あつらふ(←あつらへ)」は、「頼む・頼んで〜する」の意、「告げらるる」の「らる(←らるる)」は可能を表し、「〜ば、〜まし」は**反実仮想の表現**で「もし〜たならば、〜ただろうに」の訳となる。実際にはできないことを想定して述べられているのである。以上をあわせると、

もし頼んで告げることができたならば、月にそれでは一言を残しただろうにと思うのです。

となるが、ここでは〈**月に残す一言**〉の**内容**を詳しく説明する必要がある。第三段落後半(「古今心ある…」)をまとめよう。

●心ある者はすべて、真の知己を過去や未来に求めても果たせないという恨みの思いを持つ。
↓詳しくは、**問一(2)**を参照のこと。
●こんな思いの時に月を見ると、いっそう感慨深く思われる。
↓「昔の人が眺めた月だけは今も変わらず空にあるので、月を見ると昔の人のことを自然に思い出させる」という**問二(B)**を参照のこと。
●いずれの時代にか、また私のように月に対して現在を懐かしく思う人もあるだろう。
●月はさだめしその時代をも照らしているのだろう。

こんな時に、筆者は〈月に残す一言〉を考えるのである。
……本文の記述に即してまとめれば、次のようになる。受験生が書く答案としてはこれで合格点であろう。

答 ✿✿✿

もし月に伝言を頼めるとしたら、月を見て心の通じ合う昔の人や後世の人を思いやる自分の心を、同じ思いで月を眺めるであろう後世の人に伝えてほしいと、月に言い残しただろうにと思っているということ。

〈月に残す一言〉をどうまとめるかがポイント。ここでは「月を見て…伝えてほしい」とまとめている。

ただ、反実仮想を前面に押し出した解答を作ってみたくなった。次のような答案も示しておく。

答 ✿✿✿

月を見て心の通じ合う昔の人や後世の人を思いやる自分の心を、同じ思いで月を眺めるであろう後世の人に伝えてほしいと月に言いたいのだが、そんなことはできない相談なので残念に思っているということ。

反実仮想の意味を、波線部分のように書き足すことで表している。

問四　和歌の解釈の問題

「現代語訳せよ」とあるので、まずは語句に沿った訳語を考えてみよう。「見れば」は「見ると」となる。「忍ぶ（↑忍ば）」は「思い慕う」で、直後の「れ」は自発の「る」の連用形。「見ぬ」の「ぬ」は打消の「ず」の連体形。「いとど」は「いっそう」、「ゆかし（↑ゆかしき）」は「慕わしい・懐かしい」の意となる。以上をあわせた逐語訳は、

答

月を見ると、後世までも自然と思い慕われて、見たことのない昔がいっそう懐かしい。

となるが、これでは不十分。最後のまとめの和歌として、筆者の思いを書き込まないといけない。解答枠が大きいので、修飾語等をつけてふくらます必要もある。第三段落の内容を踏まえると、単に「後世」「昔」ではなく、「後世の人々」「昔の人々」のことであるとわかる。

答

月を眺めていると、どこにいるのかわからない後世の人々のことまでも自然と思い慕われて、時が離れているのでまだ出会ったことのない昔の人々にもいっそう心ひかれることよ。

波線部分を加えることで、筆者の「後世の人々」「昔の人々」への思いを表した解釈としている。

コラム17 古典に出てくる月さまざま

思いつくままに「月」を取り上げる。

天の原ふりさけ見れば春日なる三笠の山に出でし月かも

（安倍仲麿『古今和歌集』）

遣唐使安倍仲麿は、中国に三十年余滞在し、いよいよ日本に帰ることになって詠んだのがこの歌。帰国を前にこみ上げてくる望郷の思いを「月」に託したのであろう。

月やあらぬ春や昔の春ならぬわが身ひとつはもとの身にして

（『伊勢物語』）

ともに過ごした女が他所に姿を隠し、男が月を見て詠んでいる。月は昔のままの月ではないのか。春は昔のままの春ではないのか。我が身一つだけは女を慕い続けている昔のままの身であるが、という歌である。

我が心なぐさめかねつ更級や姨捨山《をばすてやま》に照る月を見て

（『大和物語』）

男は嫁に責められ、姑を奥深い山に捨てた。その夜照る月を見て自分の行動を悔やみ、その気持ちに堪えきれずに詠んだのがこの歌である。

望月のくまなきを千里のほかまでながめたるよりも、暁近くなりて待ちいでたるが、いと心深う、青みたるやうにて、深き山の杉のこずゑに見えたる、木の間の影、うちしぐれたるむら雲隠れのほど、またなくあはれなり。

（兼好法師『徒然草』）

「花は満開、月は煌々《こうこう》と照る」のだけがいいのではない。不完全さ・不確実さに美を見出す兼好の考え方がわかる。

名月を取ってくれろと泣く子かな

（小林一茶『おらが春』）

幼子が、あのお月様を取って、とねだるほほえましい句である。その様子を愛おしく思う親心も感じられる。ただ、この幼子「さと」はまもなく亡くなったという。

「月が綺麗ですね」

（夏目漱石？）

夏目漱石が英語教師をしていた頃、教え子が「I love you」を「我、君を愛す」と直訳したところ、「月が綺麗ですね、とでも訳しておきなさい」と言ったという。本当であろうか。

4 筆者は「ぬす人」をどう思った？ いい奴、悪い奴？

『ぬす人いりしまど』（一九七七年度）

問題 別冊34ページ

難易度 B

出典

●『ぬす人いりしまど』は、江戸時代後期の文章で、作者は上田秋成である。

●上田秋成は、読本作者、国学者である。怪異小説として知られる『雨月物語』の作者として知られる。

解答へのアドバイス

●一九七七年度の問題であり、この問題集で取り上げた中で、最も古い。最近の傾向と異なる設問もある。

●最後の「感想」を書かせる設問が書きにくい。いくつかの解答例を挙げておいたので、参考にしてほしい。

口語訳

（盗人の）足跡の見苦しいのを、拭き取り、掃き捨てようとして、ふと見たところ、（私の）机の上に紙が一枚広げてあって、狐などが書き散らしたように、墨のあとも乱れた様子で、何事かを書きつけてある。不思議に思って手に取って見ると（盗人から私への）手紙である。

「（私は）今宵の雨にぬれて雨宿りがてら（あなたの家に）押し入ったのだが、われわれ仲間が盗みをして、夜に隠れひそむのは、当然だとは言いながら、（あなたが）これほどまで貧しくていらっしゃるとは、思いもかけないことであった。金銭がないだけでなく、米の一升さえもなくて、明日の暮らしは、何をあてにしようというのか。ほかの家で取って来た物でもあれば、与えるだろうが、私の手に何もないのは、あなたにとって不運であるよ。（あなたは）歌を好んで詠むのだろうか、ほととぎす（の声）を待っている様子であることを書き終わらないで寝たことよ。

　深夜の雨にほととぎすは忍び音に鳴くのを迷っている

私がこれに（下の句を）つけようか、

　さあ、ほととぎすよ、二度は鳴いてくれ。（あなたが）〈忍び音〉と詠んでいるのを見て、私が夜にまぎれて落ちぶれさまよい歩くのを言っているように思う。昔は、このような風流ごとを親から教えてもらって習った。酒という悪友に誘われて、よくない愚かな仕事をしてつまらぬ命を今日だけは（生きのびよう）と逃げ歩いていることよ」と、荒々しい筆跡で書き記してある。悪者の中に、このような人もいるのだなあ、眼が覚めたならば引き止めて、話をしようとするのに、やはり外に立っていてしみじみと思っているのかと（思って）、竹の戸を開けて見送ろうとしたが、行った跡を探し求めることもできない。気の合った友を、もてなしもしないで帰してしまった気持ちが自然としてしまう。いつまでもそうしてばかりはいられないので、何とかして埋めておいた火などがあるだろうかと（かまどの灰を）かきまぜる。その（台所の）あたりを見ると、（盗人は）さすがに腹が減っていたのだろうか、お櫃の底まで残りなくすっかり食い尽くして帰ったのである。酒のよいものなどがあったならば、満足させて帰したであろうにと、かまどの火をおこしながら思うのは、興のある今朝の寝ざめであったなあ。

解説

問一 現代語訳の問題

語句に即した逐語訳が前提だが、江戸時代の文章では場面を踏まえた意訳が必要になることもある。

(1)▼あすの煙……「煙」は「ご飯を炊くかまどの煙」を表すことがあり、転じて「暮らし・生計」をいう。

▼何をたよりに……「たより」には「頼みとするところ・あて」の意がある。

あわせて、「明日の暮らしは何をあてに」となり、「あてに」の直後には「しよう・する」を補う。また、傍線部末尾の「とや」は「格助詞＋疑問の係助詞」の組み合わせで、間に言葉を補って「というのか」と訳すといいだろう。模範解答は次のようになる。米一升もなかったことと「煙」のニュアンスを生かして「何をあてにして明日の炊事をしようというのか」のようにしてもいいだろう。

答 明日の暮らしは、何をあてにしようというのか。

「煙」は必ずほかの言葉に言い換えること。

(2)▼我が手のむなしき……「私の手の中に何もない・私が何も持っていない」の意。直前の「ほかの家で取って来た物でもあれば」を受けていう。

▼あるじが幸ひなき……「あるじ」はこの文章の筆者をさすが、盗人が書いた手紙の文中なので「あなた」がよいだろう。「幸ひなき」は「不運だ・気の毒だ」などの訳が許容されよう。

答 私の手に何もないのは、あなたにとって不運である。

「あるじ」をどう訳すかがポイント。

(3)▼なほ外にたちてありわびやする……「なほ」は「やはり」の意。ここは「まだ」という訳も許容である。「わぶ(←わび)」には、「つらく思う・せつなく思う」の意味がある。語句に即して訳すと、「やはり外に立っていてつらく思っているのか」となる。作者が「ぬす人」の様子を想像している場面であるから、「つらく思う」の主語は「ぬす人」である。「つらく」の内容は、盗みに入って目にした状況について、「しみじみとした思いである」とも「気の毒がっている」ともとれよう。ここの訳では、そういった内容に踏み込まない方がいい。

答 やはり外に立っていてしみじみと思っているのか

解答枠の大きさによっては、主語(「ぬす人」)を補い、「わび」の内容をふくらますことを考えるとよい。

(4)▼魂あへる……「る」は完了の助動詞「り」の連体形。文脈から「気の合った」の意味とする。
▼あるじもせで……「あるじ」は「もてなし」、「で」は「~ないで」の意。
▼せらる……「らる」は自発の助動詞。「自然と~する」の訳となる。

答 気の合った友を、もてなしもしないで帰してしまった心地が自然としてしまう。

問二 古文常識を問う問題

「これ」は、筆者が書きつけた「ふかき夜の雨にまどへるしのびねを」という一節である。盗人はこれを見て、「ほととぎす待ち顔なること」を書こうとしていると見抜いたうえで、「やよほととぎすふた声はなけ」を追加して、一首の和歌を完成させている。これを「付け句」という。ここは「つぐ(継ぐ)(←つが)」といっているが「付く」と同じである。上の句五・七・五に下の句七・七を付けるのが普通で、詩歌を好む文人たちに風流な遊びとして好まれた。後には、五七五―七七―五七五―七七、のように続ける「長連歌」が生まれた。

答 ✿✿✿

「ふかき夜の雨にまどへるしのびねを」という上の句に下の句を付け一首の和歌とする。

「これ」の指示内容を示し、付け句の説明をすればよい。

問三

指示内容を問う問題

狭く理解すれば「付け句」だが、広くおさえれば「歌を詠むこと・風流ごと」のようになる。「かかる」(=このような)とあるので後者をとっておく。

答 歌を詠むこと・風流ごと

問四

語句の内容を選ばせる問題

「庭のをしへ」は「庭訓《ていきん》」ともいい、父が子に授ける教訓・家庭の教育のことをいう。この部分は「このような風流ごとを親から教えてもらって習った」の意味となり、「ぬす人」がそれなりの家庭環境・教育環境のもとに育ったことを感じさせる表現となっている。

答 b

問五 作者の感想を記述させる問題

「感想」を記述させる設問ではあるが、「この出来事」の中心的なテーマに沿ったものでないといけない。作者の感想に関わりそうな箇所・言動を整理していこう。①〜⑪は整理のための番号である。

▼前段部分

①作者は、夜が明けてから、「**ぬす人**」が入ったことに気づいた。
②「家ごと持って行ってくれても惜しい事ではない。**命が無事でまあよかった**」と思った。
③あまりにも物がなくて何も盗まれておらず、盗人にまで**軽蔑されたかと残念に思った**。

▼盗人の残した文

④あなたがこれほどまで貧しくていらっしゃるとは、思いがけないことであった。
⑤あなたは歌の一句を書いたまま寝てしまったが、**私が下の句をつけよう**。
⑥私は、**昔は歌を親から習ったが**、今は酒におぼれこんな盗人として生計を立てている。

▼作者の思い

⑦悪者の中に、このような人もいるのだなあと思った。
⑧**引き止めて話をしたい**と思ったが、どこへともいなくなっていた。
⑨気の合った友を、**もてなしもしないで帰してしまった残念な気持ち**が自然としてしまう。
⑩盗人はお櫃の飯をすっかり食い尽くして帰ったが、酒などがあったならば**もてなしたかった**。
⑪興のある今朝の寝ざめであったなあ。

「感想」の中心になりそうなのは、次の二ポイントであろう。

I＝⑤では和歌の付け句をするような**風流さを身につけている点**。⑥では盗人に身をやつしているが、境遇や心情を聞くにつけ、どこか**人間として魅力がありそうな点**。⑦では、作者が「悪者の中にもこんな人がいる」と述べている。

Ⅱ＝⑧⑨⑩に見られる「引き止めて話をしたい」「もてなしもしないで帰してしまった」という点。

指定字数が、百字以上二百字以内と幅があるので少しとまどうが、まずは必要最低限の内容を盛り込んで百字程度で書いてみた。

答(a)　✿✿✿

付け句を嗜む風流さを持ち、境遇・心情を知るにつけ、人間としての魅力がありそうで、引き止めて話もしてもてなしたいと思ったが、そのまま帰したのは残念だった。ただ、親しい友の訪れた後のようなさわやかさを感じた。

以上百二字。Ⅰ・Ⅱのポイントを順に述べ、最後の一文は、⑪と呼応している。

せっかく二百字もの字数をくれているのだから、もっと字数を増やしたものも示しておこう。

答(b)　✿✿✿

貧しすぎて盗人にまで軽蔑されたかと最初は思ったが、歌などを心得た風流な男で、生い立ちや今の思いを知るにつけても、人間としての魅力がありそうに思え、悪者の中にもこんな人もいるのかと感じた。その男を引き止めて話もしてもてなしたい、酒のよいのがあれば酌み交わしたいとも思ったが、そのまま帰してしまったのは残念だった。ただ、盗人に入られたという恐怖感はなく、親しい友が訪れたように感じているのである。

波線部分を付け加え、「出来事」を詳しくなぞったもの。冒頭に③を置き、ほかも言葉を補っている。これで百九十六字である。多くの受験生の模範解答はこのようであっただろう。無難なものである。

答(c)

その盗人は付け句を嗜む風流さを持ち、境遇・心情を知るにつけても人間としての魅力がありそうで、引き止めておしゃべりもせぬまま帰したのは残念だった。それにしても、自分が貧乏な生活をしていて物を盗まれることもなく、このような盗人と出会うという楽しい経験をしたことを思うと、自分の自由な生活のありように心地よさを感じ、親しい友の訪れた後のような心の弾みを覚えている自分のことを面白く思っている。

以上百九十三字。「感想を抱いたと思うか」の「思う」に重点を置いたもので、自由に思いをふくらませた解答である。ただ、一歩間違うと、作者から離れた恣意的な感想文となる懸念があり、受験生にはあまりお勧めしない。

コラム 18 古い時代の京大国語の問題

この問題集は、京大の入試問題（古典）を過去五十年さかのぼって良問をセレクトするという姿勢で作った。私の手もとには昭和四十一年度（一九六六年度）以降の問題があり、久しぶりで古い時代のものを読んだが、なつかしいものやすっかり忘れていたものもあった。

ここに取り上げた『**ぬす人いりしまど**』は一九七七年度の出題で、古典常識をそのままの形で尋ねる設問もあり、近年の問題とは形式・問いかけが若干異なる。この頃は出題傾向が多様で、千五百字の古文を「物語の筋を、叙述の順序に従っていくつかの項目に分け、わかりやすく説明せよ」（一九六八年度）、二百二十字強の古文の「全文を現代語訳せよ」（一九七一年度）などがある。

ところで、私が京都大学を受験したのは、昭和四十一年度（**一九六六年度**）である。その年の問題を一つ紹介しておこう。現古融合問題というところか。

㈠　春高楼の花の宴　めぐる盃かげさして
　千代の松が枝わけいでし　むかしの光いまいづこ

㈡　秋陣営の霜の色　鳴きゆく雁の数見せて
　植うるつるぎに照りそひし　むかしの光いまいづこ

㈢　いま荒城の夜半の月　かはらぬ光たがためぞ
　垣に残るはただかつら　松に歌ふはただ嵐

㈣　てんじやうかげはかはらねど　えいこはうつるよのすがた
　うつさんとてかいまもなほ　ああくわうじやうのよはのつき

問一　この歌すべてを通じて流れる「思想」を、四字の漢字で示せ。

問二　この歌の第㈣節を、名詞および動詞の語幹にのみ漢字をあて、漢字かなまじり文に書きかえよ。

問三　この歌と共通の「思想」で、夏または冬の情景をとり入れて、この歌と同じ□□調の詩型の歌を一節創作せよ。

（注）設問中の□□内に適当な漢字（二字）を入れよ。

私が答案にどのような「歌」を書いたか今は覚えていないが、何とも奇抜な設問である。どのように採点をしたのかが気になるところではあるが…。

第五章　超難問で仕上げ演習

ここは問題演習の章である。京大古文の中でも難問、あるいは個性的な作りの問題を集めた。一筋縄では行かないものばかりである。歌の詠み手と内容がおさえにくいものや、和歌が五つもあり、しかも江戸の学者の注釈書・漢文の引用が付されているもの、さらに説話と歌論がセットになったものもあれば、『源氏物語』からの出題など、多様である。これくらいの難度のものが出題されることもあるので、心して取り組もう。

1 三つの歌は誰がどういう気持ちを詠んだのか？

『雑々集』（一九九三年度─後期）

問題 別冊37ページ

難易度 B

出典

● 『雑々集（ざつざつしゅう）』は、近世初期成立の説話集である。和歌を含む話が多数を占める。

● 同じ書名の書物に、平安後期成立の仏教書がある。こちらは「ぞうぞうしゅう」とも読まれる。

解答へのアドバイス

● 二つの具体的なエピソードと、それにはさまれた説明的な部分からなるが、文章自体はそれほど難しいわけではない。

● 「われもしかなきて」の和歌の修辞と、「やさし」という評価の具体的な内容が問われている。古典常識も踏まえてうまく説明できるかがポイントとなる。

口語訳

今は昔のこと、ある男が、女で自分に対して冷淡であった女を、言葉を尽くして自分の意に従わせ、結局、夫婦となって暮らした。そうして、何年も過ぎた頃に、(男は)また別の女に言い寄って契りを結び、同じ家に住まわせて、部屋を隔てて暮らした。(男は)だんだん最初に夫婦となった女とは疎遠になって、新しい妻とばかり連れ添っていたが、秋の夜の長い時で、夜明け前のまだ暗い頃に目を覚ましていたところ、落葉を踏み散らす牡鹿が、たいそうしみじみと鳴いたのを、男が聞いて、前の妻の寝室も距離が近かったので、「どうですか、あなたは鹿がしみじみと鳴くのを、目を覚ましてお聞きになったか」と言葉をかけたところ、(前の)妻は、

(イ) 私も、牡鹿が泣いて牝鹿を恋しく思っているように、昔は泣いてあなたに恋い慕われた。今は離れた所であなたの声を聞くだけだけれども。

と詠んだので、男は、このうえなく優美でけなげだ、と思い、新しい妻を送り返して、前の妻と一緒に暮らしました。一般に、男が他の女に思いを寄せるというのは、年が若いときの気まぐれ、一時のことであろう。たとえ(男が)心変わりすることがあるといっても、やはり、(女は)深く思いを寄せている様子で、多くのつらいことを経験してもがまんして過ごしたならば、男の心も自然と穏やかになり、考えを変える例は、確かに多い。ある歌に、

(ロ) 昔の(冷たかった)野中に湧き出る清水は(今は)ぬるいけれども、以前の清水のことを知る人は汲みに来るのだ。(元の女の気持ちを知る私はその思いを汲み取るのだ)

この歌は、能因法師の著した『歌枕』という本によると、「(男が)元の女の所に戻って一緒に暮らす」ということを詠んだ歌であるということである。それで、後の女がこれを聞いて、

(ハ) 私にとっては(あなたの愛情は)ますます浅くなってしまっているのだろうか。野中の清水、つまり元の女への愛情の深さがまさるので。

と詠んでいたとかいうことである。

解説

問一 現代語訳の問題

語句に即した逐語訳を心がけよう。

(1)▼女のつれなかりしを……「の」は同格を表す格助詞。「つれなし（↑つれなかり）」は「冷淡だ・薄情だ」の意。「し」は過去の助動詞「き」の連体形。

▼いひなびけ……主語は「男」。「なびけ」は動詞「なびく」の連用形で、下二段活用の他動詞。「なびかせる・従わせる」の意となる。直訳なら「言って従わせる」であるが、「言い寄って意に従わせる・言葉を尽くして自分の方へ心を向けさせる」あたりがよい。やや俗っぽいが「口説き落として」がぴったりの表現であろう。

答 女で自分に対して冷淡であった女を、男は言葉を尽くして自分の意に従わせ、

「の」を明確に同格として訳しておくこと。

(2)▼もとの女……訳も「もとの女」のままとするか、「元の妻」でいいだろう。今も別れていないというニュアンスを生かすなら「最初に夫婦となった女」である。

▼かれがれに……形容動詞の「離《か》れ離《が》れなり」は、人が訪ねて来たり手紙を寄こしたりすることが、途切れがちであるさまを表す。ここは、男女の仲が途絶えがちなさま、疎遠なさまをいう。

答 男は、だんだん最初に夫婦となった女とは疎遠になって、

(3)▼うきふし……「憂き節」と漢字をあてて考えたい。「憂き」は「つらい」、「節」は「事柄・こと」となる。

▼見しのびすぐしなば……「見る（↑見）」はここでは「出会う・経験する」の意。「しのぶ（↑しのび）」は「がまんする」、「すぐす（↑すぐし）」は「過ごす」、「な」は完了の助動詞「ぬ」の未然形、「ば」は「〜ならば」の意である。

答

多くのつらいことを経験してもがまんして過ごしたならば、

問二

（1）和歌の現代語訳と解釈の問題

▼われもしかなきてぞ人に恋ひられし……「しか」は副詞の「然《し》か」なら「このように・そのように」の意味であるが、直前で男が「鹿のものあはれに鳴く」と言っているので、「鹿」の意味にもなる。つまり、この「しか」は「然か」「鹿」の二つの意味を持つ掛詞で、修辞の一つである。この部分の訳し方がポイントとなろう。

a「然か」なら→私もこのように泣いて人に恋しく思われた

b「鹿」なら　→鹿が鳴いて恋しく思っている

掛詞は、二つのどちらの意味も訳出するのが原則であるので、両方の訳を入れ込む必要がある。ここは**a**の「このように」の部分に**b**の内容をあてはめて、次のように訳すといい。ここの工夫が難しいところだ。

私も、鹿が鳴いて恋しく思っているように、泣いて人に恋しく思われた。

▼今こそよそにこゑをのみきけ……「よそに」は「他の所で・離れた場所で」の意味。「きけ」は命令形ではなく、「こそ」の結びの已然形である。強意の意味となるが、必ずしも訳に反映させなくてもいい。

今は離れた場所で声を聞くだけだ。

……以上をまとめれば次のようになる。

答

私も、鹿が鳴いて恋しく思っているように、泣いて人に恋しく思われた。今は離れた場所で声を聞くだけだ。

波線部分の工夫が採点ポイント。ここができていれば大きなポイントとなる。

これでは、模範解答にはもう一歩である。一つは、「鳴いて恋しく思う」の**主体・客体を厳密に示す**こと。「鹿」を「牡鹿」とし、恋しく思う相手の「牝鹿を」を補う。なお、秋に牡鹿が牝鹿を慕って鳴くさまは古来よく歌に詠まれている。古典常識として知っておきたい。もう一つは、「人」を「あなた」、「声」を「あなたの声」と**場面にあわせて具体的に示す**こと。

しかし、もっと大事なことがある。「…こそ～已然形」の係り結びで、結びが文末にならず後に続く時は、逆接用法で「**～けれども・～のに**」の訳となる。この歌は倒置となっているので、「きけ」は文末でなく、「聞くだけだ**けれども**」の訳となる。この歌は「**昔はこうであった**」「**今はこのようである**」と対比させて詠んでいるので、内容的に見てもここが逆接になるのはふさわしい。そこを明快に訳したい。さらに「昔は」の補いを入れ補強した。

答

私も、牡鹿が鳴いて牝鹿を恋しく思っているように、昔は泣いてあなたに恋しく思われた。今は離れた場所であなたの声を聞くだけだけれども。

多くの補いをしたが、最後の「けれども」が重要。

ここで、**「現代語訳」の基本**を述べる。受験生の多くが陥りがちなのが、大体こんな意味かな、といった内容を作文して「現代語訳」と考えている誤解である。**語順はそのまま、構文をくずさない、文法に則した訳をする、恣意的な意味を付け加えない**、という原則を守るようにしてほしい。

(2) かなり面倒な設問である。解答枠がそんなに大きくなく（これが最近の出題なら三行だろう）、「簡潔に」という注文もついている。

▼まずは、ここまでのいきさつ、この歌の内容、そして直後の説明部分を整理しておこう。

●**いきさつ**……男が後の妻を同じ家に住まわせ、最初の妻とは疎遠になっていた。秋の夜明け前に、鹿が鳴くのを聞いた男は、最初の妻に、どのように思うかと声をかけた。

●**歌の内容**……鳴く鹿の声にことよせて、昔は泣いてあなたに恋い慕われたが、今は離れた所であなたの声を聞くだけだと自分の境遇を詠んでいる。**その場の情景にあわせて、即座に機転を利かせた〈当意即妙の詠みぶり〉**である。

●**直後の説明部分**……男が心変わりしても、女は深く思いを寄せている様子で、つらいことをがまんして過ごしたならば、男の心も自然と穏やかになるはずだと説明している。

▼次に、「やさし」を考えよう。形容詞で、「①身も細る思いでつらい・恥ずかしい、②優美だ・上品だ、③殊勝だ・けなげだ」の意味がある。この和歌について考える時、②と③がともにあてはまる。「やさし」という言葉は、風流な事柄に使う。特に、すばらしい和歌についていうことも多い。ここでは「女」の心のありようが、当意即妙な和歌を媒体として示されている点に気づきたい。

●**優美だ・上品だ**（②）……鹿が鳴くという風流な状況にことよせて、自分のつらい心情をも見事に詠み込むという、**その場にあわせた当意即妙の詠みぶり**について「優美だ・上品だ」と評価した。

●**殊勝だ・けなげだ**（③）……説明部分の「深く思いを寄せている様子で、**つらいことをがまんして過ごす**」というのはこの歌を詠んだ女の様子と重なっていて、それを「殊勝だ・けなげだ」と評価した。

……右の二点に絞って、簡潔な解答としておく。

答

✿✿✿

鹿が鳴く風流な状況にことよせて、つらい心情を当意即妙に詠み込み、夫の冷淡さを我慢しつつ悲しみをそっと伝えるといった点が、優美でけなげだと評価している。

問三 和歌の内容説明の問題

現代語訳ではなく、「説明せよ」という設問だが、まずは語句にそって意味を考えていこう。

▼**いにしへの野中の清水ぬるけれど**……「野中の清水」は「野の中に湧き出る清らかな水」のことで、暑さをいやしてくれる清澄で冷たい水のイメージがある。「ぬるけれど」は「ぬるいけれども・なまあたたかいけれども」の意で、昔の「清水」からはほど遠いのである。

▼**もとの心をしる人ぞくむ**……「もとの心」が直訳しづらい。「清水」に即して言えば「以前の清水・昔の清水の様子」となろう。「くむ」は、「(清水を) 汲む・手ですくう」の意。

以上をまとめれば、「**昔の (冷たかった) 野中に湧き出る清水は (今は) ぬるいけれども、以前の清水のことを知る人は汲みに来るのだ。**」の訳となる。

ただ、設問には「『もとの女にかへりすむといふことをよみたる』という解釈にそって」という注文がついている。「(男が) 元の女の所に戻って一緒に暮らすということを詠んだ歌」というのだから、「野中の清水」「ぬるけれ」「もとの心」「くむ」は**比喩**と考え、**もう一つの文脈**をおさえたい。

比喩	比喩がさす内容（もう一つの文脈）
野中の清水（＝冷たくておいしかった清水）	かつては魅力的で愛情深く思っていた元の女
ぬるけれ（＝なまあたたかくておいしくない状態）	今は元の女に愛情を感じられないこと
もとの心	元の女の心で、昔と変わらない愛情
くむ	元の女に愛情をかけ、ともに暮らすこと

この文脈で意味を考えると、**「昔の魅力的で愛情深く思っていた元の女に（今は）愛情を感じられないけれども、以前と変わらない愛情を知る男は元の女に愛情をかけ、ともに暮らすことだ。」**となる。

……「**もとの女にかへりすむ**」の内容だけをおさえて説明すると次のようになろう。

答 ✿✿✿

元の女に愛情が感じられなくなっていても、以前と変わらない彼女の愛情に気づいた夫は、彼女の愛情を汲み取って一緒に暮らすのだという思いを詠んでいる。

……解答枠が十分にあることから、まずは清水について書き、その後「男」の言動を説明するのもよいだろう。

左右のどちらも合格答案である。

答 ✿✿✿

野中の清水も今はぬるくなっていても、昔の冷たさを知る人は汲むように、元の女に愛情が感じられなくなっていても、昔と変わらない女の愛情に気づいた夫は、その愛情を汲み取って一緒に暮らすのだという思いを詠む。

「（比喩）のように（「男」の言動）」とまとめればよい。

第五章

問四　和歌に込められた意味の説明問題

まずは、語句に即して逐語訳をしてみよう。

▼我ためには……「ため」は「に」を伴って「〜にとって」の意となる。「私にとっては」である。

▼いとどあさくやなりぬらむ……「いとど」は「ますます・いっそう」。「ぬ」は完了、「らむ」は現在推量の助動詞で、「浅くなってしまっているのだろうか」の意。下の句の「ふかさ（深さ）」と対応している。

▼まされば……「まさるので」の意。

全体では、「**私にとってはますます浅くなってしまっているのだろうか。野中の清水の深さがまさるので**」となるが、直前の和歌との関連で、次のように対応しているとつかみたい。

●浅くなる＝**後の妻**である私に対する**愛情が浅くなる**
●野中の清水＝**元の女**
●深さがまさる＝**愛情が深くなる**

……以上をまとめると次のようになろう。

答

私にとっては、あなたの愛情はますます浅くなってしまっているのだろうか。元の女への愛情の深さがまさるので。

ただ、これでは甘い。「浅くなってしまっているのだろうか」は現代語訳なら許容だが、正しく「説明」できていない。「説明問題」であるからもう一歩進めたい。解答枠の大きさ（四行分は記入可能）からみても不十分であろう。歌の大意を説明した後、**この歌に込められた「後の女」の心情**を書き込んだ解答としよう。心情としては、次の二つが考えられる。

●薄情になった男への恨み
●今の自らの境遇への嘆き

こうした心情は、このような場面でよく詠まれるもので、古典常識の知識があると考えやすいのではないかと思う。これを加えた、私の模範解答を示す。

答

元の女へのあなたの愛情の深さがまさるので、私への愛情はますます浅くなってしまっていると詠むことで、薄情になった男への恨み、今の自らの境遇への嘆きの意味を込めて詠んでいる。

波線部分が、女の心情として付け加えた部分である。

コラム19 すてきな和歌を詠んだ女たちは…

問題文前半の、男が和歌に感動して疎遠になっていた女に惚れ直すというパターンは、結構流布したものらしく、多くの古典にみられる。和歌を上手に詠むと良いことがあるという「歌徳」の一種である。いくつかの類話を紹介しておこう。

一つ目は、『伊勢物語』の「筒井筒《つついづつ》」。幼なじみが夫婦として暮らしていたが、次第に貧しくなり、夫はほかの女のもとにも通うようになる。夫が出かけていくのを非難がましいことも言わずに送り出し、妻は和歌を詠む。

風吹けば沖つ白波たつた山夜半《よは》にや君がひとり越ゆらん（＝風が吹くと沖の白波が立つ、その「たつ」の名を持つ龍田山を夜中にあなたは一人越えているのだろうか、ああ心配なことだ）

夫は、この歌によって自分を気遣う妻の優しさに心打たれ、その後、ほかの女の所へは通わなくなったという。

二つ目は、『今昔物語集』の一話。男が難波の海岸で、蛤から海松《みる》（＝海藻）が生え出た風流なものを見つけて都に送った。「新しい妻」が「蛤は焼いて、海藻は酢の物にして食べる」と返答したのに対し、間違って届けられた「最初に夫婦となった妻」は次のような和歌を詠む。

あまのつと思はぬかたにありければみるかひなくも返しつるかな（＝海のお土産が思わぬところにあったので、私は海松の付いたその貝を見る甲斐もなくあなたに返してしまうことだよ）

男は、「海松」と「見る」、「貝」と「甲斐」の掛詞を織り込んだ当意即妙な和歌に感動し、「新しい妻」のことばと思い比べられて、最初の妻のもとで暮らしたという。

そういえば、京大は二〇一五年度理系にも『雑々集』から出題している。この話の女は、容貌も美しく風流なことに秀でていたが、家事などの仕事が得意ではなかった。風流を解さない田舎者の男は、気が合わないので離縁を言い出す機会を待ち続けていた。そして、「俺を感動させるような歌を詠めなかったら離婚じゃー」と言い放つ。女は恨めしく恥ずかしそうに顔を赤らめて和歌を詠む。結果はどうなったかは、京大の問題で確かめてください。

2 学者の注釈書や漢文の引用もあって、これは大変！

『伊勢物語』（二〇一六年度－文系）

問題 別冊39ページ

難易度 C

出典

●『伊勢物語』は、平安時代前期、十世紀半ば頃に成立したと思われる歌物語である。作者は未詳。

●『勢語臆断』は、江戸時代の学者契沖による『伊勢物語』の注釈書。『伊勢物語』を作り物語と考え、それ以前の注釈を批判した。『説苑《ぜいえん》』は、中国前漢の劉向《りゅうきょう》の手になる故事・説話集である。

解答へのアドバイス

●文系学部のみの問題である。深い読み取りが必要な章段で、しかも和歌中心の出題なのでかなり手強い。

●どの問題も、設問の意図を正しくおさえたうえで、的確な記述をすることが求められている。

口語訳

昔、男がいた。恨み言を言う女に恨み言を言って、

Ａ　鶏の卵を百個重ねることができたとしても、愛さない人を愛せるものか、いや愛せない。

と詠んだところ、

Ｂ　朝露は消え残ることもきっとあるだろう。誰が（朝露よりもはかない）この男女の仲をずっとあてにできようか、いやあてにできない。

また、男（が詠んだ）、

Ｃ　吹く風に去年の桜が散らないとしても、ああ（それよりも）あてにしがたい。あなたの心は。

また、女が、返事をした、

Ｄ　流れていく水に数字を書くよりもはかないのは、愛してくれない人を愛することであるなあ。

また、男（が詠んだ）、

Ｅ　流れる水と過ぎゆく年齢と散る花と、どれが待てという言葉を聞き入れているだろうか、いや聞き入れてはいない。

相手を浮気ものだと言い合うことをお互いにした男と女が、人目を忍んで通っていた時のことであるに違いない。

解説

問一　内容説明の問題

傍線部の逐語訳は「**恨む人を恨んで**」であるが、「意味をわかりやすく説明せよ」という条件にあうように内容を補っていこう。ヒントの一つは**注**の「あだくらべ」、もう一つは『勢語臆断』の解説である。

▼**注**の「あだくらべ」に「相手を浮気ものだと言い合うこと」とある。この和歌のやりとりは、お互いに相手を浮気ものだと言い合ったものとなる。ここの「**恨むる人**」は「（相手を）浮気ものだと恨んで言う人」で、「恨みて」は「その人を浮気ものだと言って」の意となる。つまり、Ａの歌の前に、恨み言を言う歌があったとい

うことになる。

▼『勢語臆断』の解説では、「まじき」（＝助動詞「まじ」の連体形）の内容がおさえづらい。仮に〈打消当然〉とし、「恨むべきでないのに恨む人を、こちらからまた恨むのである」と訳しておこう。

次に、人物関係を考える。

●文末の「あだくらべかたみにしけるをとこ女の」から、「をとこ」と「女」がいる。

●「また、をとこ」「また、女」等の表示から、二人が交互に歌を送っている。そして最初のAの歌は「をとこ」のものと考えられる。

したがって、「恨みて」の主語は「をとこ」、「恨むる人」は女だとわかる。

最後に、『勢語臆断』の解説にある「恨むまじきに」を解答に取り込みたいが、「恨むべきでないのに」ではややわかりづらい。「恨まれる理由もないはずなのに」「恨まれる筋合いもないのに」くらいが無難だろう。こうした男女の和歌のやりとりは、女が男の冷淡さに恨み言を言うことから始まり、男が自分の方こそ文句を言いたいくらいだ、と返すのが古文のお約束だということを理解していないと、状況がつかみづらいであろう。

答 ✿✿✿

恨まれる理由もないはずなのに、浮気ものだと恨み言を言ってよこす女に、男も恨み言を送り返してということ。

「恨むる人」＝女、「恨みて」の主語が男であることを示すのは必須である。

問二 和歌の内容説明の問題

最初に、引用されている『説苑』の書き下し文と口語訳を示しておく。

【書き下し文】

孫息曰《い》はく、「臣能《よ》く十二の棋《き》を累《かさ》ね、九鶏子《けいし》を其《そ》の上に加ふ」と。公曰はく、「吾学ぶこと少なく未《いま》だ嘗《かつ》て見ざるなり。子《し》寡《か》人《じん》の為《ため》に之を作《な》せ」と。孫息即《すなは》ち顔色を正し、志意を定め、棋子を以て下に置き、鶏子を其の上に加ふ。左右慴息《せふそく》し、霊公俯伏《ふふく》して、気息続かず。公曰はく、「危《あや》ふきかな」と。孫息曰はく、「公九層の台を為《つく》り、三年成《な》らず。危ふきこと此《これ》よりも甚だし」と。

【口語訳】

孫息が言うことには、「私は十二個の盤上遊戯（＝将棋）の駒を積み重ね、九個の鶏の卵をその上に載せることができる」と。霊公が言うことには、「私は学ぶことが少なくいまだかつて（そのように積みあげられたものを）見たことがない。あなたは私のためにこれをやってみよ」と。孫息はすぐに真剣な顔つきになって、気持ちを集中させて、駒を下に置き、鶏の卵をその上に載せる。側近たちは怖くて息をつめ、霊公は頭を下げてうつむき、呼吸が続かない。霊公が言うことには、「危ないなあ」と。孫息が言うことには、「公は九層の台を作り、三年経っても完成しない。危ないことは卵を積みあげるという行為よりもはなはだしい」と。

【補説】

●棋を累ね、九鶏子を其の上に加ふ……「棋」と「鶏子」は設問文中の「盤上遊戯の駒と卵」にあたる。

●子寡人の為に之を作せ……「子」は「あなた」の意で、孫息をさす。「寡人」は「私」の意で、霊公をさす。霊公が孫息に、実際にやってみよと命じたのである。

●顔色を正し、志意を定め……孫息の、「真剣な顔つき」で「気持ちを集中」させる様子である。

●左右慴息し、霊公俯伏して、気息続かず……「左右」は「側近たち」。霊公も側近たちも怖くて、見てもいられず、息もできないのである。

●九層の台……九階建ての建物をいう。

この説話では、「卵を積みあげるという行い」がとても危ないことの例として捉えられている。九層の建築は崩れやすくて危険であることを、駒と卵を積みあげるという例を用いて示そうとしたのである。

次に、Aの歌を見ていこう。

▼**鳥の子を十づつ十は重ぬとも……注**から「鶏の卵を百個」重ねることと理解できる。常識的に考えてそんなことはできないというのが前提である。「とも」は逆接仮定条件の接続助詞で、「〜ても・〜たとしても」の訳となる。直訳は「鶏の卵を百個重ねたとしても」だが、「**もし仮に鶏の卵を百個崩れないで重ねることができたとしても**」の意味合いである。

▼**思はぬ人を思ふものかは……**ここの二つの「思ふ」は「愛する・好きだと思う」の意味である。「かは」は反語である。直訳は「愛さない人を愛するものか、いや愛さない」だが、「**自分のことを愛してくれない人など絶対に愛さないつもりだ**」の意味合いである。

ところで、上の句と下の句をつなぐ「とも」の働きを身近な例で考えよう。

天地がひっくり返っ**たとしても**（＝とも）、あなたと結婚しないわよ。

「天地がひっくり返るなんてことはありえないのだが、もしそういうことが起きたとしても、あなたとの結婚は嫌だ」ということで、ここの「とも」は、〈**めったに起きないことが起きた場合**〉を仮定して言っている。Aの歌でも〈鶏の卵を百個重ねるといっためったにできない難しいことが仮にできた場合〉を仮定して、下の句に続いているのである。したがって「卵を積みあげるという行い」は、〈めったにできない・到底無理・不可能〉といった意味・捉え方となる。以上から、Aの歌の意味は、「**卵を百個積みあげるのはめったにできない難しいことだが、仮にそれができたとしても、自分を愛してくれない女を愛するのは、できないことだ**」となる。

設問に戻る。まずは、「卵を積みあげるという行い」の意味・捉え方の違い（＝「危ないことのたとえ」⇔「めったにできないことのたとえ」）に言及し、下の句を、逐語訳を土台にわかりやすく説明するとよい。

答

『説苑』では、危ないことのたとえとして用いられているが、Aの歌では、めったにできないことのたとえとして用いられ、もしそれができたとしても自分を愛してくれない相手を愛することはできないと言っている。

歌の末尾の「ものかは」は反語である。反語の訳は、あいまいな「～ものだろうか」のような表現では、ダメである。

問三

現代語訳の問題

ポイントとなる語句を順に見ていこう。

▼**消え残るまじき朝露は……**「消え残る」は「消えずに残る」ことをいう。「まじ（←まじき）」は打消当然で、訳は「～はずがない」。

▼**なほ残りても有ぬべし……**「なほ」は「そうはいうもののやはり・やはり」の意。「ぬべし」は〈強意＋推量〉で、訳は「きっと～だろう・きっと～に違いない」。

▼**あだなる世の人の心を……**「あだなり（←あだなる）」は「はかない」の意、「世」は「男女の仲」。Bは「女」が詠んだ歌だから、ここの「人」は「男」だが、「あなた」と訳すのがいいだろう。

▼**かはらであらんと……**「で」は打消接続の接続助詞で、「～ないで」。「ん」は推量。

▼**たのみはつべき……**「たのむ（←たのみ）」は「頼りにする・あてにする・期待する」、「はつ」は補助動詞で、「最後まで～する・ずっと～する」。「べし（←べき）」は可能と解釈すると内容にあう。

▼**となり……**「～ということである・～という意味である」の訳となる。

以上をつなぎ合わせるといいのだが、うっかり見落としがちなのが「誰か」である。『誰かあだなる世の人の……たのみはつべき』で一文となり、係り結びとなっているが、ポイントは「誰か」が**反語の働きをしている**という点である。訳は、「誰が〜できようか、いや、誰も〜できないだろう」となる。この和歌のやりとりが、相手を浮気ものだと言い合っていることを踏まえて、「**あなたの心なんて頼りにならない**」という内容だとおさえれば、反語がぴったりである。

訳に際して、〈はかない露でも残ることがある〉と〈あなたの心は頼りにならない〉を**つなぐことば**として、「しかし」を加えておいた。

京大の古文では、解答枠が大きくて苦労することが多いのだが、ここは小さすぎて困る。ゆったりした模範答案（文字数違反？）と、何とか範囲内に収めたものの二つを示しておく。

答

消えずに残るはずのない朝露でも、そうはいうもののやはりきっと残ることもあるに違いない。しかし、誰が、はかない男女の仲のあなたの心を、ずっと変わらないであろうと頼りにすることができようか、いや頼りにすることはできないであろうという意味である。

丁寧に逐語訳をしたもの。しかしこれだけの文字は入らない。

答

消え残るはずのない朝露でも、やはり残ることもあろう。だが、誰も、はかない男女の仲のあなたの心を、ずっと変わらないだろうと頼りにできないという意味である。

右のものと比べてどのように縮めたかを見てほしい。このような工夫が必要になることもある。

問四　和歌の現代語訳の問題

「比喩の意味が明らかになるように言葉を補いつつ」という条件がついているが、まずはそれぞれの和歌全体の意味をおさえていこう。

(2)▼**吹く風に去年の桜は散らずとも**……「に」は「～によっても」または「～で」と言い換えるとよい。「とも」は逆接仮定条件の接続助詞で、「～ても・～たとしても」の意。

▼**あな頼みがた**……「あな」は感動詞で「ああ」の意。「頼みがた」は形容詞「頼みがたし」の語幹。「あな＋形容詞の語幹」の**感動表現**で、「ああ頼みにしがたい・ああ頼みにしがたい」の訳となる。

以上から、Cの歌の訳は、「**吹く風によっても去年の桜は散らなかったとしても、ああ頼みにしがたい。あなたの心は。**」となる。「吹く風によっても去年の桜は散らない」というのは、〈ありえないこと・不可能なこと〉なのだが、そんなことが起きたとしても「あなたの心は、頼みにしがたい」と続いているのである。

……設問が求める「補い」をどのように入れるかは悩ましいが、模範解答は次のようにシンプルにしておいた。

答 ✿✿✿

吹く風によっても去年の桜が散らないような、ありえないことが起きたとしても

波線部分が補いの部分である。

(3)▼**行く水に数かくよりもはかなきは**……「流れていく水に数字を書く」は、手ごたえがなくむなしい様子である。それよりも「はかなき」だという。

▼**思はぬ人を思ふなりけり**……Aの歌にも「思はぬ人を思ふ」とあったが、**問二**で説明したように「自分のことを愛してくれない人を愛する」ことである。「けり」は詠嘆。

答 ✿✿✿

流れていく水に数字を書くような、手ごたえがなくむなしいことよりも

「数かく」を「数書く」だと見抜くことが前提である。波線部分が補い。

問五

和歌の現代語訳の問題

特に面倒な箇所もないし、条件もついていない。ポイントとなる語句を丁寧におさえていこう。

▼**行く水と過ぐる齢と散る花と……**　「齢」は「年齢」。解答枠が小さめなので、それ以外はほぼこのままでいいだろう。模範解答は「流れる水」「過ぎゆく年齢」としておいた。

▼**いづれ待ててふことを聞くらん……**　「いづれ」は直前の「水・齢・花」の三つをさす。「てふ」は「といふ」が変化した形で、「〜という」の意味。「らん」は現在推量で「〜ているだろう」が最良。逐語訳をすると「どれが『待て』ということを聞いているだろう」となるが、このままではダメである。

一つは「いづれ」の処理。「行く水」「過ぐる齢」「散る花」は時間の流れとともに常に変化しているものの典型的な例である。だから**「ちょっと待ってくれ」と言ったとしても待ってくれるはずもない**という内容となる。これを踏まえて、「いづれ」は反語の働きをしていると言える。解答枠が小さくても、反語の「いや」以降の部分はきっちり書き込みたい。

もう一つは「聞く」の訳語。ここは単に「聞く」ではなく、**「聞いて承諾してその通りにする」**という意味合いなので、そうしたニュアンスを持つ「聞き入れる」としたいところである。

答

流れる水と過ぎゆく年齢と散る花と、どれが待てという言葉を聞き入れているだろうか、いや聞き入れていない。

コラム 20 近年、漢文が出題されるように

古い時代には京大でも毎年漢文が出題されていた。一九七九年度以降は漢文が出題範囲から除かれていたが、二〇〇六年度には出題範囲に「漢文を除く」という注記がなくなった。その後、いずれ漢文が出るのではないかと言われながらも、長く出題されることがなかった。

しかし、近年、漢文や漢詩に関わる設問が散見されるようになった。

●二〇一一年度理系　『織錦舎随筆』
本文中に44字分の漢文を引用し、内容を問う。

●二〇一六年度文系　『伊勢物語』
設問に82字分の漢文を引用し、内容を問う。

●二〇一七年度文系　『夜航余話』
本文中に漢詩（28字）を引用し、うち14字分について、訳を問う。

●二〇一八年度文系　『風雅和歌集』
設問に真名序の一節（16字）を引用し、意味を問う。

右のいずれも、設問のうち一つに関わるだけだし、それほど難しいものではないのだが、今後も出題が予想される。それなりの対策は必要であろう。

ここで、**『夜航余話』**の問題文の最初の部分を示し、漢詩に関わる問題について触れておく。

宋人晁《てう》沖《ちゅう》之《し》が「暁行」の詩「老イ去リテ功名ノ意転《うたた》疎ナリ、独リ騎《の》リテ二瘦馬一ニ取ル二長途一ヲ、孤村到レ暁猶灯火、知有二人家夜読レ書」、いともいとも感慨ふかき作なり。（以下略）

問　波線部を現代語訳せよ。

解答　ぽつんと離れた村に明け方になってもまだ灯火がついており、人家に一晩中書物を読む人がいるのがわかる。

メモ　問題文の後半に、「暁を侵して駅程をゆくに、路傍の村舎にものおとして、ともし火の見ゆるは、よもすがら書をよむ人ありと覚ゆ。」の一節がある。こちらは作者自身の体験を記した部分であるが、設問部分と内容的に重なる。受験生にとっては、大きなヒントである。

このように、漢文単独の出題ではなく、古文の内容とからめたものが出題されている。

3 この和歌に、こんなエピソードや論争があったとは！

『百首異見』（二〇一二年度—文系）

問題 別冊42ページ

難易度 C

出典

●『百首異見』は、和歌の注釈書で、江戸時代後期の歌人である香川景樹の著である。

●問題文は、周防内侍の和歌について解説し、賀茂真淵の『百人一首初学《ういまなび》』の説に批評を加えたものである。

解答へのアドバイス

●百人一首にも選ばれた、周防内侍の和歌について、これが詠まれたいきさつと、どのような評価がなされているのかを、本文の記述に即して整理していく必要がある。

●答えづらい設問もあるが、場面を正しくおさえたうえで、的確な記述をすることが要求されていると言えよう。

口語訳

周防内侍

春の夜の夢ほどの（はかない、たわむれの）手枕のために、何の甲斐もない（恋の）浮き名が立つとしたら口惜しいことです。

『千載集』雑上の巻に、「旧暦二月頃の月の明るい夜、二条院で女房たちが大勢座って夜を明かしておしゃべりなどをしていました時に、内侍周防は物に寄りかかり横になって、『枕があればなあ』とこっそり言うのを聞いて、大納言忠家が、『これを枕に（してください）』と言って、（自分の）腕を御簾の下から差し入れましたので、（周防内侍が）詠みました（歌）」と（詞書《ことばがき》〈＝その歌の成立事情や作った日時、場所などを述べた和歌の前書き〉が）ある。この春の夜の夢のような間だけ交わす手枕によって、もし（恋の）うわさが立つとしたら（腕を借りた）甲斐もないだろう。そのような浮き名はとても実に残念だと、断る趣向で詠んだのである。そうして「かひなく」に肘（かひな）を隠して詠んでいる。忠家卿の返歌は、「（あなたとの）前世からの因縁があって、春の夜深くに（差し入れた）手枕をどうして甲斐のない夢にしてよいだろうか、いや現実のことにしよう」とある。

これは（女房たちが）おしゃべりをし夜更かしをしていて、ふと思わず眠くなってしまうことの堪えがたさに、こちらにいる女房同士が物に寄りかかってちょっとささやいたのを、忠家卿の座っておられる場所が、その御簾の側であったので、（忠家が）すばやく聞き取って、「その枕をさしあげようか、せめてこれだけでも」と言って、腕を差し入れなさったのである。（周防内侍の）ひそかに言った（「枕があればなあ」という）うちとけた言葉をはっきり聞きとったことを、（忠家は腕を差し入れることで）得意そうに示したその場の戯れである。寝足りない若い女房たちの春の夜のとまどいを見る気がする。そして（周防内侍が）その（忠家の）戯れをすぐさま恋の話題に変えて、「春の夜の夢ばかりなる」などと（うちとけた言葉を聞かれてしまったのを）悔しく思って詠み出したのがかえって面白く、歌の品格までもが心引かれるので、ほかの女房たちの眠気も覚めてしまったに違いない。（周防内侍から）このように言われて後に、「どうして甲斐のない夢とするはずがあろうか、いやそうではない」などとそちらの方（＝恋のやり取りとして）の返歌を（忠家が）なさったのは、かえって機転が利かないというべきである。

『初学』に、「この歌は、（忠家が）『かひな（＝腕）を』と言って（腕を）差し入れた時に、（周防内侍が）その言葉を受けてすぐに（「かひなく」と）歌に詠んだ点に興趣があるのである」と言っているのは間違いである。どうしてその程度のことだけを興趣としようか、いやそれだけではない。これは何気ない戯れを恋（の歌）に仕立てたのが面白いのである。「かひな」を詠み入れたのもやはり面白いけれども、またどれほどでもないことである。また詞書に「かひなを」などと言っているのは、（『千載集』の）撰者の言葉である。かの（忠家）卿が突然に「このかひなを」とおっしゃったのではない。「これを」と言って差し入れたのがつまり腕であるので、歌に「かひなく」と詠んだだけである。だからその（＝忠家の）言葉を受けて（周防内侍が応じた）と解釈するべきではないだろう。

解説

問一　現代語訳の設問

(1) 現代語訳は、まずは語句に即して逐語訳をおさえるのが基本である。

▼語らひ……「語らひ」は動詞「語らふ」の連用形。「語らふ」には「①繰り返し話す、②親しく語り合う、③男女が関係を持つ」等の意味があるが、ここは②。「おしゃべりをする」の訳がふさわしい。「詞書」の「物語などし」と対応している。

▼更かして……「更かし」は動詞「更かす」の連用形。「更く」なら「夜が更ける」の訳になり、「更かす」は「夜が更けるまで起きている・夜更かしをする」の訳となるが、やや難しい。「詞書」の「あかして（＝夜を明かして）」と対応している。

▼うち眠らるる……「うち」は接頭語で「つい・ふと」の意。「るる」は助動詞「る」の連体形で、自発の意味である。直訳なら「ふと思わず眠ってしまう」だが、ここは実際に眠っていないのだから「ふと思わず眠くな

ってしまう・つい眠気を誘われてしまう」となる。

▼わりなさ……「わりなさ」は形容詞「わりなし」が名詞化したもの。「わりなし」には、「①道理にあわない、②つらい、③どうしようもない、④格別だ」等の意味があるが、前後の内容からあてはまる訳語を考える。直前は〈夜更けまでおしゃべりをしていて、ふと思わず眠くなってしまう〉、直後は〈こちらにいる女房同士が寄りかかるようにしてちょっとささやいた〉である。それをつなぐのは、**「つらさゆえに」「どうしようもなさに」「堪えがたさに」**のような訳語であろう。採点基準上はだいぶ幅がありそうに思う。

……以上をあわせて、模範解答は次のようにしておいた。

答 ✿✿✿

女房たちがおしゃべりをし夜更かしをしていて、ふと思わず眠くなってしまうことの堪えがたさ

「女房たちが」という主語を補った。詞書の「人々」についての記述と対応していると気づけば補えるだろう。

(2)

こちらも、語句に即しておさえていこう。

▼みそかなるうちとけごと……「みそかなり（↑みそかなる）」は「ひそかな・こっそりとした」の意、「うちとけごと」は「うちとけた言葉・くつろいだ話」の意である。

▼聞きあらはしたる……「あらはす（↑あらはし）」は、「ぼんやりとしたものをあきらかにする・はっきり示す」の意で、「聞いてあきらかにする・はっきり聞きとった」の訳がふさわしい。

▼したりがほなる座輿……「したりがほ」は「得意顔・得意そうな様子」の意、「座輿」は「その場の戯れ・戯れ」の意である。

以上をあわせると次のようになる。

ひそかなうちとけた言葉をはっきり聞きとったことを、得意そうな様子の戯れである。

ただ、この訳では言おうとしていることがはっきりしない。古文の本文そのものがわかりづらい表現なのだろ

う。設問には「言葉を補って」や「内容がわかるように」のような条件がついてはいないが、場面をもとにいくらかの補いをする必要がある。それに解答枠が三行なのも、そうしたことを求めているのだと思う。

ここまでの場面を、第二段落の記述をもとに整理してみる。

●**女房たち**が夜更けまでおしゃべりをしていて、眠気に堪えられなくなり、

●物に寄りかかって小声でうちとけた話をしていた。

↓「眠たくて仕方がないわね」といったものだったのだろう。

■（『千載集』の詞書より）**周防内侍**は「こんな時は枕がほしいわね」と言った。

●**忠家**は御簾の側に座っていたので、**周防内侍**のその言葉をはっきり聞きとった。

●**忠家**は「枕をあげたいが、せめてこれでも」と言って、自分の腕を御簾の中に差し入れた。

●**忠家**のその行為は、内緒話を聞き取ったことを示す戯れであったのだが、いかにも得意げだった。

以上を踏まえて、

① 「ひそかなうちとけた言葉」は誰の言葉か、どんな内容だったか

② 「得意そうな様子」は誰のどういう動作か

等を補うことになる。また、直訳では前後がつながりづらい箇所は、状況を示す語句を補う工夫をすることでうまくいく。

……こちらが模範解答であるが、かなりの難問だと思う。

答 ✿✿✿

周防内侍のひそかに言った「枕があればなあ」といううちとけた言葉をはっきり聞きとったことを、忠家は腕を差し入れることで得意そうに示したその場の戯れである。

波線部分を補っている。「ひそかに言った」の主語は、「枕があれば」と言った周防内侍とした（⇩**異論別解**参照）。

異論別解

傍線部の「みそかなるうちとけごと」は、「女房たち」の会話とみるか、周防内侍のつぶやきとみるか、両方が考えられる。『千載集』の詞書には「内侍周防よりふして、枕もがなと忍びやかにいふ」とあるので、模範解答はこれに沿って「周防内侍のひそかに言った」としておいた。ただ、詞書と『百首異見』の記述は別だとすれば、「うちとけごと」の原義からして、一人のつぶやきではなく「うちとけた女房たちの会話」とする方が自然だろう。その場合は、答の前半は「**女房たちのひそかにこっそり交わした会話を聞きとったことを**」となる。

こういう別解があることから、京大はあえて「主語を補って」という条件をつけなかったなどと考えるのは、うがった見方だろうか。

問二　内容説明の問題

これは説明問題であるので、傍線部の直前までの内容を整理してみよう。**問一**の**(2)**で整理した続きである。こちらは、本文に沿って考えていこう。

▼**寝るにあかぬ若女房の春夜のまどひ見るここちす……**「あかぬ」は動詞「飽く」に打消の助動詞が付いて、「満足しない・物足りない」の意となる。ここは「寝足りない・眠そうである」の訳がふさわしい。うちとけた話をしていた女房たちの様子をいっている。「まどひ見る」は、その女房たちが忠家の戯れに戸惑っている様子を目の当たりにする心地がすると筆者が述べているのである。

▼**さて其の座興をすかさず恋のうへにとりなして……**「其の座興」とは、忠家が周防内侍のうちとけた言葉を聞きとったことを、腕を差し入れて示した戯れのこと。「恋のうへにとりなし」の主語は周防内侍。「とりなす」は、本来の話題とは違う話題に変えて取り扱う意味で、ここでは**忠家の戯れを恋の話題に仕立てた**ことをいう。

▼**「春の夜の夢ばかりなる」云々と負惜しみによみ出せるがかへりてをかしう……**ここの「負惜しみ」は、うち

とけた言葉を聞かれてそれを戯れの材料にされたことに対し、**周防内侍が悔しく思って歌を詠んだことをいう。**直前にあるように、**恋のやり取りの話題に変えて歌を詠んだ**ことが面白いのである。

▼**歌がらさへなつかしきには……**「歌がら」は「歌の品位・風情」、「さへ」は「〜もまた」の意。「なつかし(←なつかしき)」は、「心引かれる・好ましい・感じがよい」の意である。

▼**よその眠も覚めつべし……**「よその」は「他の・ほかの」の意で、「よそ」は「**ほかの女房たち**」すなわち「周防内侍以外の女房たち」をさす。つまり、右の文中の「寝るにあかぬ若女房」のことである。「眠」とあるが、この場面で女房たちは実際に寝てはいないので、「眠たがっている様子・眠気」の訳がふさわしい。「覚めつべし」は「きっと目が覚めてしまったに違いない」となる。

解答のポイントを考えよう。三行の解答枠で「簡潔に」という指示があるので、要点だけを次のように整理するといいだろう。

●**忠家の戯れを、周防内侍は恋の話題の歌に仕立てて詠んだ。**
●**周防内侍の歌は、歌の品格に心引かれるすばらしいものだった。**
●**ほかの女房たちの目も覚めたにちがいない。**

答 ✿✿✿

忠家の戯れを周防内侍が即座に恋の話題に仕立てて応じた機知と心引かれるその和歌の品格に、ほかの女房たちも眠気が覚めただろうということ。

右の三つのポイントを導き、つなげたものが模範解答となる。

問三 内容説明の問題

後半の五行を正しく現代語訳し、理解することが大切である。「**批判の内容を二つに分けて**」という条件は大

第五章

きなヒントとなる。順に内容をおさえていこう。

1 「此の歌、かひなをとて指し入れたるに、其の詞をうけてとみにいひなしたるに興はある也」といへるは非也……忠家が「かひな（＝腕）を」と言って御簾の下から腕を差し入れた時、周防内侍がその言葉を受けてすぐに「かひなく」と歌に詠んだ点に興趣がある、という『初学』の説明は間違っているという。

2 何ぞさばかりのみを興とせん……ここの「何ぞ」は反語用法で、「どうして〜だろうか、いや〜ない」の訳となる。その程度のことだけを興趣があると言っているのは間違いだという。その程度のこととは、「かひな（＝腕）」と「かひなく（＝甲斐なく）」の呼応をさしている。掛詞的な技法である。

3 こはさらぬ戯れを恋にとりなしたるが面白き也……忠家の何気ない戯れを、周防内侍が恋の歌に仕立てたのが面白いという。

4 肘をよみ入れたるもさすがにをかしきものから、又何ばかりにもあらぬ事也……「かひな」を詠み入れたのも面白いが、それはたいしたことではない。

「非」の一つ目は、2〜4に書かれている。「かひな（＝腕）」と「かひなく（＝甲斐なく）」の掛詞的な技法を興趣と認めたうえで、その技巧的な指摘だけでは不十分であり、周防内侍が「恋の歌」に仕立てたことがポイントであると言っているのである。

5 また詞書に「かひなを」云々といへるは、撰者の詞也……この「また」に注意したい。「非」のもう一つの内容がここから始まるのである。「撰者の詞」すなわち第一段落の「詞書」には、「大納言忠家、これを枕にとて、かひなを御簾の下よりさし入れて」とある。忠家が言ったのは「これを枕に」であり、「かひなを」とは言っていない。それなのに、『初学』では「かひなをとて指し入れたる（＝忠家が「かいなを」と言って差し入れた）」と説明しており、この点が「非」だと言っている。つまりこちらは事実誤認だということである。

6 かの卿うちつけに「此のかひなを」といはれたるには非ず……忠家が「かひなを」と言ったのではない。

7 「これを」とてさし入れたるが即ち肘なれば、歌に「かひなく」といへるのみ……「これを」と言って差し入れたのが「かひな」だったので、歌に「かひなく」と言っただけである。

8 されば其の詞をうけてと解くべきにはあらじ……忠家の「かひなを」という言葉を受けて、周防内侍が「かひなく」と歌で応じたと解釈するのは間違いである。

「非」の二つ目は、5～8に書かれている。**忠家が何と言ったのかを間違って理解しているのである。**

書くべき内容がそれほど難しいものとは思えないが、各四行分の解答枠がある。何が間違いで何が正しいかを丁寧に書き進めないといけない。記述力が問われる厳しい設問である。

答

✿✿✿

戯れに「かひな」を差し入れた忠家に対して、「かひなく」と掛詞的な技巧を取り入れ歌を詠んだことだけを興趣とするのは間違いで、忠家の何でもない戯れを周防内侍が恋の歌に仕立てて詠んだ点が面白いのである。

一つ目の批判は、2～4の内容をまとめる。

「かひなを」は『千載集』の撰者が詞書の中で用いた表現であって、忠家が腕を御簾の中に差し入れた時には「これを」と言ったに過ぎず、「かひなを」という発言を受けて「かひなく」と応じたという解釈は間違いである。

二つ目の批判は、5～8の内容をまとめる。

コラム 21 ▼▼▼ 二パターンの「問いかけ」が

京大の古文の問いかけには、二つのパターンがある。

① **現代語訳型**

- 「主語を補って」「主語や指示語の内容を明らかにしつつ」のように条件を示すもの
- 「必要な言葉を補いながら」「適宜言葉を補って」のように受験生に何を補うべきかを考えさせるもの
- 条件を示さず、単に「現代語訳せよ」とするもの

② **説明型**

- 「どのようなことをいっているのか」「どういうことか」のように漠然と内容を問うもの
- 「どのような気持ちか」「○○の心理を」「直前の内容を」のように具体的に中身を示すもの
- 「○○というのはなぜか」のように理由を問うもの

（かつては、「解釈せよ」というものもあった。）

ここで、「現代語訳」と「説明」の違いを考えよう。

例文は**『女郎花物語』（二〇一〇年度理系）**の一節である。貧しい男は、都に妻子を残したまま筑紫に働きに出かけている。妻のもとに手紙が届いた。

在京の堪忍おもひやられて心ぐるしきよしなど書きつづけて、宰府絹あまた、その他もさまざまの物を、おびただしく上《のぼ》すよしを書きつらねければ、いとうれしくて、なほ読みもてゆく奥に、あらばかくこそやらまほしけれと、たはぶれごとを書き侍り。

傍線部の「現代語訳」を問われたら、どう答えるか。

a＝あるならばこのように送りたい

b＝多くの品があるならば、この手紙に書いたように送りたい

c＝宰府絹やその他たくさんの品を私が持っていたら、この手紙に書いたように都のあなたに送りたい

aは直訳すぎて京大では不可。bが標準的な解。解答枠が大きいのなら、cの解を期待している場合もある。

「傍線部を説明せよ」であれば、次のようになる。

d＝自分も貧しいので都の妻に何も送ってやれず、気の毒でどうしようもなくつらい気持ちを冗談めかしてこのように言っている。

「現代語訳」と「説明」ではこんなに違うのである。

4 京大でも『源氏物語』が出題されたのだ。

『源氏物語』（二〇一三年度―文系）　問題　別冊44ページ　難易度　C

出典

●『源氏物語』は、平安時代中期、十一世紀初頭に成立した作り物語で、作者は紫式部である。

●問題文が採られた「宿木」は「宇治十帖」の一つである。「宇治十帖」では、光源氏亡き後、光源氏の子孫（薫や匂宮）と宇治の姫君たち（大君・中の君・浮舟）との悲劇的な恋愛模様が描かれている。

解答へのアドバイス

●『源氏物語』に関する予備知識はいらない。リード文・**注**をもとに丁寧に読み進める。

●全体の内容理解はそう難しくはないが、細かい心理描写が問われ、緻密な読解と的確な記述が求められている。

口語訳

右大臣の方では、六条院の東の御殿を美しく飾り付けて、このうえなくすべてを整えて（匂宮の来訪を）待ち申し上げなさるが、十六日の月が次第に空に上るまでになり気がかりなので、（右大臣は）「（匂宮にとってこの婚儀は）

それほどお心が引かれないことであり、どのようであろうか」と心配にお思いになって、人を遣わして匂宮の様子を探らせなさったところ、「(匂宮は)この夕方に宮中からお出になって、二条院にいらっしゃるそうだ」と人が申し上げる。(匂宮は)いとしくお思いになる妻をお持ちになっているので(おいでにならないのだろう)と(右大臣は)不愉快だけれども、もし今宵が過ぎるとしたら物笑いであるに違いないので、お子様の頭中将をお使いとして(次の和歌を)差し上げなさった。

大空の月でさえも宿る私の屋敷で、待っている宵が過ぎても姿を見せないあなただなあ。

匂宮は、「なまじ今日が婚儀の日であると(中の君に)知られないようにしよう、(中の君が)不憫だ」とお思いになって、宮中にいらっしゃったが、(二条院にいる中の君に)お手紙を差し上げなさった、その(中の君からの)ご返事はどのようであったのだろうか、(匂宮はそれをご覧になって)やはりとても気の毒にお思いになったので、人目につかないように(二条院へ)お帰りになったのであるよ。(中の君の)かわいらしい様子を(匂宮は)見捨てて出ていくことができる気持ちもしないで、気の毒なので、あれこれ約束し慰めて、一緒に月を眺めていらっしゃる時であった。中の君は、普段もさまざまに思うことが多いけれども、何とかして(苦悩を)表情に出さないようにしようと何度も我慢して、何でもなさそうに気を静めなさることなので、特に(匂宮の縁談を)気にもとめない様子で、おっとりと振る舞っていらっしゃる様子はたいそういじらしい。

(右大臣の子である)中将が参上なさったのを(匂宮は)お聞きになって、そうはいってもやはりあちらもたいそう気の毒なので、(右大臣邸へ)お出ましになろうとして、「すぐにとても早く戻って参りましょう。(あなたは)一人で月をご覧になってはいけません。(私は)心が落ちつかないのでとてもつらい」と言い置き申し上げなさって、やはりきまりが悪いので、人目につかない方を通って寝殿へおいでになる。(中の君は匂宮の)後ろ姿を見送ると、何とも思わないけれども、ただ(涙があふれて)枕が浮いてしまいそうな気持ちがするので、「つらくて嫌なものは人の心であるなあ」と自分のことながら自然と思い知らずにはいられない。

解説

問一　現代語訳の問題

語句に即して検討していこう。

▼思す人持たまへれば……「思す」は「思ふ」の尊敬語。古語の「思ふ」は「好きだと思う・いとしく思う」となることが多いが、ここもそのケース。訳は「いとしくお思いになる」がいいだろう。「持《も》たまへれ」は「持ちたまへれ」がつづまった形。「たまふ（↑たまへ）」は尊敬の補助動詞、「れ」は完了の助動詞「り」の已然形だが、ここは〈存続〉の意味。「ば」は已然形接続なので「〜ので」の訳となる。

▼心やましけれど……「心やましけれ」は形容詞「心やまし」の已然形。「心やまし」は物事が思い通りにならず心を痛める意を表し、「不愉快である・しゃくにさわる」の訳となる。

以上をあわせて「**いとしくお思いになる人をお持ちになっているのでと不愉快であるけれども**」となる。

直訳としてはこれでいいのだが、もう少しわかりやすい訳としよう。一つは、設問の指示に従って**主語**を明らかにする。リード文に「中の君（女君）を妻としていた匂宮」とあり、〈**匂宮がいとしく思う妻**（＝中の君）を持っていた〉となるので、最初に「匂宮は」を補う。後半の「**不愉快である**」は、婿を迎えるために準備して待っているのに顔を見せず、様子を見に行かせると自宅にいるという知らせを受けた**右大臣の気持ち**であるとおさえ、主語の「右大臣は」を補う。

さらに、「お持ちになっているのでと不愉快である」が、今一つわかりにくい表現であるので工夫したい。最小限なら「と」の直後に「思うと」「思って」などを補って、「いるからだと思って」などとするとよい。また、内容を踏まえた補いをするなら、「ので」と「と」の間に「おいでにならないのだろう」などの表現を入れることになる。

……二種の答を示しておく。どちらも合格答案だが、(b)が模範解答だろう。

答

匂宮はいとしくお思いになる妻をお持ちになっているからだと思うと、右大臣は不愉快だけれども、

最小限の補いとした。

答(b)

匂宮はいとしくお思いになる妻をお持ちになっているのでおいでにならないのだろうと、右大臣は不愉快だけれども、

一行に二十六字を入れたが、この程度なら問題なく解答枠内に入る。

問二

(2) 現代語訳の問題

▼いかで気色に出ださじと……「いかで」は副詞で、「①（疑問）どうして〜か、②（反語）どうして〜か、いや〜ない、③（願望）何とかして」の意味があるが、ここは「じ」と呼応して③である。ちなみに「じ」は打消意志の助動詞で、「〜ないつもりだ・〜ないようにしよう」の訳となる。「気色」は「けしき」と読み、「①様子、②表情、③考え、④機嫌」等の意味があるが、ここは②。「表情・顔色」の訳となる。中の君は普段から**苦悩が多いけれども、その苦悩を顔色に出さないようにしている**というのである。

▼念じ返しつつ……「念ず（←念じ）」には、「①祈る、②我慢する」の意味があるが、ここは②。「返す（←返し）」は、ここは「繰り返す・何度も〜する」の使い方で、「**何度も我慢して**」の訳がいいだろう。

▼つれなく冷ましたまふことなれば……「つれなし（←つれなく）」には、「①平然としている・さりげない、②薄情だ・冷淡だ」の意味があるが、ここは①。「冷ます（←冷まし）」には、「高まった気持ちを静める」の意があり、「**気持ちをおさえる・気を静める**」の訳がいいだろう。

……以上を踏まえて、次のような解答とした。

答 ❀❀❀

何とかして苦悩を表情に出さないようにしようと何度も我慢して、何でもなさそうに気を静めなさることなので、

「いかで〜じ」と「念じ」の訳がポイント。敬語ももれなく訳すこと。

(3) 匂宮の発言部分である。

▼**今いととく参り来ん**……「今」は「たった今・すぐに」の訳がふさわしい。「参り来《く》（↑参り来《こ》）」は、身分の高い人の所に〈参上する＋来る〉の意だが、ここは**匂宮が中の君の所へ帰ってくること**をいっている。訳は「戻って参る」くらいがよいだろう。「ん」は意志の助動詞。

▼**ひとり月な見たまひそ**……「な〜そ」で禁止の意を表し、「ご覧になるな・ご覧になってはいけません」の訳となる。この部分は敬語が用いられ、主語は「あなた＝中の君」である。

▼**心そらなればいと苦し**……「**心そらなり**（↑**心そらなれ**）」は、**心が体から離れて別の所にある状態**をいい、「上の空である・気もそぞろである」が直訳。意訳すれば「心が落ちつかないので」となろう。「苦し」は、**心理的な苦痛**をいい、「つらい」の訳となる。この部分の主語は「私＝匂宮」で、会話部分なので「私は」を補う。

……「現代語訳」を求める設問なので、人物を特定する補いだけとした。

答 ❀❀❀

すぐにとても早くあなたの所に戻って参りましょう。あなたは一人で月をご覧になってはいけません。私は心が落ちつかないのでとてもつらい

波線部分が人物に関わる補いである。発言の部分なので、会話として自然な表現としてまとめたい。

問二　気持ちを説明する問題

二つとも「匂宮の気持ち」を説明させるものである。このあたりまで読み進めて来て人物関係がわかりづらくなってきた受験生のために、出題者は「**匂宮の気持ちを述べたものである**」と教えてくれている。こんな有効なヒントを見逃してはなるまい。

まず、形容詞「いとほし（↑いとほしけれ）」を理解しておこう。〈①（他者に対して、見ていてつらい感じで）**気の毒だ・かわいそうだ**、②（他者に対して、いたわる感じで）**かわいらしい・いじらしい**〉の二つの意味がある。

Aは、匂宮と中の君がいっしょにいる場面で言われている。したがって、〈**中の君に対する、匂宮の気持ち**〉と考えられる。ここまでの二人の状況と、直前の一節を確認してみよう。

●**中の君**は**匂宮**の妻であったが、**匂宮**と**右大臣の娘**との婚儀が決まった。
●**匂宮**は今日が婚儀の日であると**中の君**に知られないようにしようと思って、宮中にいた。
●**匂宮**は**中の君**に手紙を送り、**中の君**からの返事を読んで、二条院へ帰ってくる。

Aの直前の一節は次のようである。

▼**らうたげなるありさまを……**「らうたげなり（↑らうたげなる）」は、「かわいらしい・可憐だ」の意味。ここは、「**中の君**」の様子をいう。

▼**見棄てて出づべき心地もせず……**「見棄つ（↑見棄て）」は「後に残して行く」、「出づ」は、右大臣の娘との婚儀に出向いて行くことをいう。ここの「べし（↑べき）」は可能の意味。

以上をあわせて「**中の君のかわいらしい様子を見捨てて出て行くことができる気持ちもしないで**」の訳となる。これに続く「いとほし」なので、匂宮の中の君に対する気持ちは、「**気の毒だ・いたわしい**」がふさわしいだろう（⇩200ページ**異論別解**参照）。

Bは、直前に「**かれも**」とあるように、「かれ」に対する気持ちである。では、「かれ」は誰か。「かれ」は遠くにあるものをさして、「あれ」の意。ここに至るまでの場面を踏まえれば、匂宮と離れた場所にいて、匂宮を待ちわびている「**右大臣**」をさしていると考えるのがふさわしいだろう（⇩200ページ**異論別解**参照）。そこで、ここに至るまでの場面を、匂宮と右大臣に焦点をあわせて整理しておこう。

● **匂宮**は、**右大臣の娘**との縁談を断り切れず、しぶしぶながら承諾した。
● 婚儀の日、**右大臣**は万端を整えて**匂宮**を待つが、なかなかやって来ない。
● 準備した婚儀がないままに終わっては、物笑いになるだろうと**右大臣**は思う。
● 待ちかねた**右大臣**は、来るように促すために、息子の**中将**を**匂宮**の所に行かせる。
● **匂宮**は、**中将**がやって来たと聞く。

Bを含む一節は次のようである。

▼**さすがにかれもいとほし**……「さすがに」は「そうはいってもやはり」の意。「そう」は直前の匂宮の思いをさし、「**中の君を後に残して、右大臣邸へ出向くことができそうにないといってもやはり**」となる。「いとほし」は「**気の毒だ**」の意味である。匂宮は、待ちわびている右大臣を気の毒に思っているのである。

……二つをそれぞれ「気持ち」でおさえる答とした。

答 ✿✿✿

Aは、かわいらしい中の君を残して右大臣の娘との婚儀に出向く気になれず、中の君を気の毒に思う気持ち。Bは、匂宮が婚儀の場になかなか現れず、待ちわびている右大臣を気の毒に思う気持ち。

それぞれ誰に対する思いかを明らかに示そう。あとは、状況を説明しながら「いとほし」の訳語を決めればよい。

異論別解

ここでは、二箇所の「異論別解」がある。『源氏物語』には多くの注釈書や現代語訳があり、専門家の間でも二種以上の解釈がなされている箇所が多い。ここもその一つである。

最初は、Aの「いとほし」を「気の毒」とせずに「いじらしい」と解釈するもの。匂宮の中の君に対する、か弱い者を守ってやりたいという気持ちの表れということになる。そうすると、AとBの「いとほし」の違いをはっきりさせられる。もう一つは、Bの「かれ」を「右大臣」とせずに「右大臣の娘」と解釈するもの。「中の君」と「右大臣の娘」の両方に気遣いをする匂宮の気持ちが示されることになる。さらには「かれ」を「右大臣とその娘」とするような解釈もある。

受験生としてはとまどうところではあるが、出題者は複数の解釈があることを承知のうえで設問にしているのだから、採点においてはすべて許容にしたのだろう。どの解釈をするにしても、文脈から心情を読みとって的確にまとめることが求められているのである。

問四 心理を説明する問題

「説明問題」ではあるが、まずは語句に即して逐語訳をしよう。内容を考えるのはそれからである。

▼**ともかくも思はねど……**「ともかくも」には、「①どうにでも・何とでも、②（下に打消の言葉を伴って）何とも・どうとも」の意味があるが、ここは打消の助動詞「ね（「ず」の已然形）」と呼応しているので②の方。

▼**ただ枕の浮きぬべき心地すれば……**「枕の浮く（←枕の浮き）」は、枕が浮くくらい悲しみの涙があふれる様子を表す。「ぬべし（←ぬべき）」は、〈完了の助動詞＋推量の助動詞〉で、「～てしまいそうだ」の意。

▼**心憂きものは人の心なりけり……**「心憂し（←心憂き）」は、「①つらい・情けない、②嫌だ・不愉快だ」の意味で、自分のことについてつらいと思う（①）と考えても、自分を対象として見て嫌だと思う（②）と考えてもいいだろう。両方の意味をあわせて「つらくて嫌な」のように訳しておく。「けり」は詠嘆の意味で、初め

てそうだと気づいたという意味を表す。

▼我ながら思ひ知らる……「我ながら」は「自分のことながら・自分の心ながら」の意。「思ひ知らる」の「る」は自発の助動詞。

以上をあわせると、

a何とも思わないけれども、bただ涙があふれて枕が浮いてしまいそうな気持ちがするので、c「つらくて嫌なものは人の心であるなあ」と自分のことながら自然と思い知らずにはいられないの訳となる。

次に、具体的な内容について考えよう。傍線部a・bの二つは、逆接を表す接続助詞「ど（＝〜けれども）」でつながれていて、aとbでは中の君の心理が違うはずである。ここらあたりを丁寧におさえたい。

a＝「何とも思わない」は、匂宮が右大臣の娘と結婚することについて、中の君はあれこれ思うことがない、気にもとめない様子であることをいう。本文の第二段落中の「ことに聞きもとどめぬさまに、おほどかにもてなしておはする気色（＝特に匂宮の縁談を気にもとめない様子で、おっとりと振る舞っていらっしゃる様子）」の表現とつながっている。「聞きもとどめぬさま」に「匂宮の縁談を気にもとめない様子」という注があるが、これは大きなヒントである。もちろん、「気にもとめない様子」とはいっても、「日ごろもよろづに思ふこと多かれど」「いかで気色に出ださじと念じ返し」のような心の葛藤はあるのだから、「何とも思わないようにしようとしていた」「何とも思わないようにしようとしていた」というのが、この部分の中の君の心情だとおさえたい。

b＝「ただ涙があふれて枕が浮いてしまいそうな気持ちがする」は、涙でいっぱいになるほどの悲しみをいっている。ここで、aとは違った心理となったのはどうしてだろう。この部分は「御後手を見送るに」を受けている。匂宮が婚儀に出かけていく後ろ姿を見送ると、「何とも思わない」などと言ってはいられなくなり、悲しい気持ちが前面に出てきたのである。それがこの部分の中の君の心情である。

C＝「つらくて嫌なものは人の心であるなあ」は、匂宮の婚儀を気にもとめないようにしていた（a）はずなのに、涙があふれそうになる（b）ということで、悲しみや未練といった感情に支配される自分に気づかされた思いをいったものである。

……説明問題であることを意識しすぎて、あまりに本文の記述から離れた解答を書こうとするとうまくいかない。傍線部の直訳を生かしながら、具体的内容を補っていく方が無難である。次は、そうした方法で作った答である。

答

匂宮の右大臣の娘との婚儀について何とも思わないようにと思っていたけれども、匂宮が婚儀に出かける後ろ姿を見ると、涙があふれてしまいそうなほど悲しい気持ちがするので、思うようにならないのは人の心であるなあと、自分のことながらつらくて嫌なものだと感じている。

答をもう一つ示そう。こちらは、かなり自由に記述した。ただ、自分勝手な感想にならないよう注意したい。

答

匂宮の右大臣の娘との婚儀について内心の苦渋を抑制し平然と構えているつもりでいたのに、いざ匂宮が婚儀に出かけていく後ろ姿を見ると、抑えていた思いがあふれ出し涙で一杯になった。結局未練や嫉妬の感情に支配されていることに気づき、自分を情けなく思っている。

波線部分は、本文の記述をもとに、自分の言葉に置き換えたものである。

コラム 22 『源氏物語』からの出題だが…

最後に取り上げたのは、**『源氏物語』**である。「宿木」は、五十四帖の中の四十九番目の巻で、「宇治十帖」の一つ。「宇治十帖」の巻々は光源氏が亡くなって後のお話で、舞台は光源氏の弟の八の宮が住む宇治である。八の宮の娘である大君・中の君・浮舟と、都の貴公子「薫」「匂宮」との悲恋の物語が展開される。光源氏が主人公となっている部分とは違った趣がある。問題文の場面は、あれこれいきさつがあって中の君が二条院の匂宮のもとに迎えられてからの話で、二人が幸せに暮らすと思いきや、匂宮が右大臣（＝夕霧）の娘（＝六の君）の婿になるというストーリー展開である。

そういえば、この年度までずっと、京大は『源氏物語』を出題したことがなかった。だいぶ前になるが、教えていた受験生に「京大は、源氏なんかを出さないからね」と大見得を切ったその年にこの問題が出題されて、冷や汗をかいた覚えがある。

私は、京大が『源氏物語』の中でもこの部分を切り取って問題文としたことに興味がひかれる。私立大学の古文では、『源氏』のあらすじや登場人物に関する知識などを前提にした出題が多くみられ、それはそれで「古文の学力」の測り方だとは思うが、京大の問い方はそれとは異なる。受験生に、与えられた問題文の範囲で内容を読み取らせようという姿勢なので、『源氏物語』を出題するに際しても、むしろ有名場面でない方がいいのである。リード文や注で必要な情報を与え、登場人物の心情・気持ちをたっぷり問う出題姿勢は、文系理系を問わず「京大古文」の姿勢そのものだろう。

『源氏物語』は初めてでも、擬古物語と呼ばれる『源氏』と似た出典は、二〇〇八年度文系**『石清水物語』**、二〇一二年度理系**『苔の衣』**と出題歴がある。

もう一つ、『源氏』の出現以降、有名出典の出題が多いという傾向も付け加えておこう。二〇一五年度文系**『うつほ物語』**、二〇一九年度理系**『落窪物語』**、二〇二〇年度文系**『和泉式部日記』**等である。今後はどのようなものが選ばれるのか、楽しみである。

京大古文の出典一覧（1971 ～ 2021）

ここでは、京大古文で出題された文章の一覧を示しながら、京大入試に関して、国語を中心に歴史を振り返る。赤字は、本書で大問として取り上げた問題である。

<table>
<tr><th>年度</th><th>日程・学部</th><th>古文の出典</th><th>時代</th><th>本文の書き出し</th><th>掲載ページ
（　）は問題</th></tr>
<tr><td colspan="6">1978 年度までは、大学入学共通テストのような、受験生に課される共通の一次試験が実施されておらず、大学ごとに実施される試験のみで入試が行われていた。
京大国語として出題されていた問題は、現代文 2 題（文語文を含む）、古文 1 題、漢文 1 題の 4 題構成が基本で、試験時間は 150 分。この頃は文語文の出題が多く、複数分野にまたがる総合問題的な出題もあった。
古文は、1971 年度以降一貫して、1 題の独立した大問として出題されている。</td></tr>
<tr><td>1971</td><td>—</td><td>花月草紙</td><td>江戸</td><td>藤の花は近う見れば美し</td><td></td></tr>
<tr><td>1972</td><td>—</td><td>大鏡</td><td>平安</td><td>藤壺・弘徽殿のうへの</td><td></td></tr>
<tr><td>1973</td><td>—</td><td>花鏡
古今著聞集
伊勢物語
枕草子</td><td>室町
鎌倉
平安
平安</td><td>そもそも、その物になる事、
楽所の預小監物源頼能は、
むかし、わかきをとこ、
「我をばいかが見る」と</td><td></td></tr>
<tr><td>1974</td><td>—</td><td>伊曾保物語</td><td>安土桃山</td><td>ある河のほとりを、馬に</td><td></td></tr>
<tr><td>1975</td><td>—</td><td>石山寺縁起</td><td>鎌倉</td><td>正応のころ、京白河に</td><td></td></tr>
<tr><td>1976</td><td>—</td><td>拾遺和歌集
袖中抄</td><td>奈良
平安</td><td>潮満てば入りぬる磯の
この歌はひがごととも</td><td>94</td></tr>
<tr><td>1977</td><td>—</td><td>ぬす人いりしまど</td><td>江戸</td><td>足の跡むさむさしきをば、</td><td>152(34)</td></tr>
<tr><td>1978</td><td>—</td><td>夢中問答</td><td>室町</td><td>中頃一人の老尼公ありき。</td><td></td></tr>
<tr><td colspan="6">1979 年度：第 1 回共通一次試験が実施され、全大学の個別試験に大きな変化があった。
京大の国語では出題範囲から漢文が除かれるようになった。
文系学部は 3 題（現代文・文語文・古文が基本）を 120 分で解答する。
理系は理学部のみ国語が課された。文系学部と同じ 3 題から 2 題のみ選択するという形で、試験時間は 90 分。</td></tr>
<tr><td>1979</td><td>—</td><td>蜻蛉日記</td><td>平安</td><td>つくづくと思ひつづくること</td><td>77</td></tr>
<tr><td>1980</td><td>—</td><td>玉勝間</td><td>江戸</td><td>大かた世のつねに異なる、</td><td>132</td></tr>
<tr><td>1981</td><td>—</td><td>発心集</td><td>鎌倉</td><td>少納言公経といふ手かきあり</td><td></td></tr>
<tr><td>1982</td><td>—</td><td>宿直物語</td><td>江戸</td><td>近き頃、八坂のわたりに</td><td></td></tr>
<tr><td>1983</td><td>—</td><td>撰集抄</td><td>鎌倉</td><td>そのむかし、かしらおろして</td><td></td></tr>
<tr><td>1984</td><td>—</td><td>十訓抄</td><td>鎌倉</td><td>肥後守盛重は周防の国の</td><td></td></tr>
<tr><td>1985</td><td>—</td><td>花月草紙</td><td>江戸</td><td>あるくすしが、「君は</td><td>24(4)</td></tr>
<tr><td>1986</td><td>—</td><td>古今物忘れの記</td><td>江戸</td><td>山に籠りをる翁、たまたま</td><td></td></tr>
</table>

年度	日程・学部	古文の出典	時代	本文の書き出し	掲載ページ （ ）は問題
1987年度：問題構成と試験時間に変化はないが、この頃、入試日程の変更が続く。 法学部の試験日程がA日程・B日程に分かれた。法学部以外は従来と同じく1日程（A日程）のみ。 理系では理学部に加えて医・農学部も国語が課されるようになった。					
1987	A日程	拾遺和歌集 後拾遺和歌集 難後拾遺	平安 平安 平安	みちのくにの白河の関こえ 正月二日逢坂にて 逢坂の関にて鶯の	
1987	法学部B日程	更科紀行	江戸	夜は草の枕を求めて、	
1988年度：文・経済・教育学部がA日程・B日程に分かれ、法学部はB日程のみ実施された。経済学部A日程は国語を課さなかった。教育学部A日程は、理系と同じく90分で2題になった。					
1988	A日程	夜の鶴	鎌倉	さりがたき人の、「歌よむ	
1988	B日程	撰集抄	鎌倉	昔、伊勢と聞えし歌読みの女	
1989年度：文・経済・教育・工・薬・医・農・理学部は前期・後期日程に分かれた入試となる（後期で国語が課されるのは文系学部と医学部に）。法学部はB日程のみ実施。経済学部に論文入試（国語は課されない）ができる。教育学部の国語は文系型（120分で3題）に戻った。 文系学部は大問3題（現代文・文語文・古文）で120分、理系学部（理・医・農学部）は文系学部と同じ3題から2題選択で90分、が基本パターンに。					
1989	前期日程	とはずがたり	江戸	いつのころにやありけん。	
1989	法学部B日程	平中物語	平安	又この男、もののたよりに、	
1989	後期日程	古今著聞集	鎌倉	頼光朝臣の郎等季武が従者、	
1990年度：第1回大学入試センター試験実施。 法学部も前期・後期日程となる。ただし法学部の後期日程は国語が課されなかった。					
1990	前期日程	大鏡	平安	この侍従大納言殿こそ、	
1990	後期日程	手枕	江戸	坊におはしまいし時、	34(6)
1991	前期日程	今物語	鎌倉	伏見中納言といひける人の	
1991	後期日程	たはれぐさ	江戸	幼な子を育つるみちは、	
1992年度：前期日程の薬学部でも国語が課されるようになる。（以降、2008年度まで、前期日程の理系では工学部のみが国語を課さなかった）					
1992	前期日程	唐物語	平安	むかし朱買臣、会稽といふ所	
1992	後期日程	西行上人談抄 今鏡	鎌倉 平安	木の葉散るやどは聞きわく 頼実の、「人にしらるばかり	
1993年度：新設の総合人間学部で最初の入試が行われ、国語も課された。					
1993	前期日程	発心集	鎌倉	永観律師といふ人ありけり。	14(2)
1993	後期日程	雑々集	江戸	いまはむかし、ある男、女の	162(37)
1994	前期日程	栄花物語	平安	四条大納言殿には、女御	
1994	後期日程	琴後集	江戸	花をめづらしみ、月を	
1995	前期日程	沙石集	鎌倉	下総国の御家人、領家の	
1995	後期日程	鳴門中将物語	鎌倉	いづれの年の春とかや、	78(16)
1996	前期日程	撰集抄	鎌倉	中ごろ、都のうちに	
1996	後期日程	三野日記	江戸	此の庭に目馴れぬ木の、	140

年度	日程・学部	古文の出典	時代	本文の書き出し	掲載ページ （　）は問題
1997 年度：医学部の後期日程では、国語に代わり論文が課されるようになった。（後期日程の国語は、2001 年度までは文系学部のみに課されることに）					
1997	前期日程	新古今集美濃の家づと	江戸	あふまでの命もがなと思ひし	104(22)
1997	後期日程	囲炉裡譚	江戸	多田浄亭といふ者ありけり。	
1998	前期日程	梅園拾葉	江戸	花は生くるも投げ入るるも、	
1998	後期日程	西洋紀聞	江戸	かの人、通事にむかひて、	
1999	前期日程	玉勝間	江戸	神の社にまれ、御陵にまれ、	
1999	後期日程	女郎花物語 国歌八論余言	江戸 江戸	待賢門院の女房に、加賀 能因といへる法師、「都をば	
2000	前期日程	住吉物語	平安	春秋過ぎて、九月ばかりに	67(14)
2000	後期日程	駿台雑話	江戸	「おほかたは月をもめでじ」	141(31)
2001	前期日程	泊洦筆話	江戸	吾が師常によみ出らるる歌、	
2001	後期日程	今物語	鎌倉	ある人、事ありて遠き国へ	
2002 年度：後期日程で農学部（食料・環境経済学科）でも国語が選択問題として課されるようになった。					
2002	前期日程	大鏡 拾遺和歌集	平安 平安	粟田殿の御男君達ぞ三人 福足といひ侍りける子の、	
2002	後期日程	古今著聞集	鎌倉	同じ御時の事にや、	
2003	前期日程	しのびね	室町	姫君は、をこがましく、	41(8)
2003	後期日程	閑居友	鎌倉	昔、あづまの方に、いみじく	
2004	前期日程	鶉衣	江戸	こはそもはかなき世なりけり	
2004	後期日程	篁物語	平安	親の、いとよくかしづきける	
2005	前期日程	藤簍冊子	江戸	我が難波のふるさと人の、	
2005	後期日程	四条宮下野集	平安	隆綱の中将、「月の明き夜は	
2006 年度：国語の出題範囲が「国語総合・現代文・古典」となり、「漢文を除く」という注記がなくなる。					
2006	前期日程	松蔭日記	江戸	かく、こなたかなた、	77，140
2006	後期日程	玉勝間	江戸	世の物しり人の、他の説の	132
2007 年度：後期日程で国語が出題されなくなる。 前期日程の国語について、大問 2・3 が文系と理系で別問題となる。これ以降、文語文の出題がほぼなくなる。理系は 3 題必須となり、古文も必須となる。 文系学部は現代文・現代文・古文の 3 題で 120 分、理系学部は現代文・現代文・古文の 3 題で 90 分、が基本パターンに。					
2007	文系	冷泉家和歌秘々口伝	室町	俊成卿云ふ、歌とは	95(20)
2007	理系	長谷雄草子	鎌倉	中納言長谷雄卿は、	
2008	文系	石清水物語	鎌倉	木幡の里には、「いかに	
2008	理系	唐物語	平安	昔、おとこ女あひすみけり。	58

年度	日程・学部	古文の出典	時代	本文の書き出し	掲載ページ （　）は問題
2009年度：経済学部論文入試と工学部でも国語が課されるようになり、全学部で国語が課されるようになる。					
2009	文系	発心集	鎌倉	事の有様などを聞きて	
2009	理系	源家長日記	鎌倉	年月の経るに添へて、	40
2010	文系	増鏡	室町	花山院の大納言師賢は、	
2010	理系	女郎花物語	江戸	近き頃にや、筑紫に探題	52(10) 192
2011	文系	井関隆子日記	江戸	ふるさとの荒れたる様を見て、	
2011	理系	織錦舎随筆	江戸	文かく事は用広きわざにて、	182
2012	文系	百首異見	江戸	春の夜の夢ばかりなる	183(42)
2012	理系	苔の衣	鎌倉	なにとなくしめやかなる行ひ	59(12)
2013	文系	源氏物語	平安	右大殿には、六条院の	193(44)
2013	理系	玉勝間	江戸	同じ人の説の、ここともかしこ	126(27)
2014	文系	とはずがたり	鎌倉	さればとて、出でじと言ふ	40
2014	理系	百人一首聞書 牛の涎	室町 江戸	この鹿に心なほあり。 この歌は、秋のあはれも	88(18)
2015	文系	うつほ物語	平安	女君は、かく思ひて、	
2015	理系	雑々集	江戸	今は昔、中ごろの事にや、	172
2016	文系	伊勢物語 （勢語臆断、説苑）	平安	昔、をとこ有けり。恨むる人	173(39)
2016	理系	わらんべ草	江戸	昔人の云く、万のこと草を	
2017	文系	夜航余話	江戸	宋人晁冲之が「暁行」の詩	182
2017	理系	海人のくぐつ	江戸	敦化は、おのれに二つばかり	
2018	文系	風雅和歌集　仮名序	南北朝	やまと歌は、あめつちいまだ	182
2018	理系	肥後道記	江戸	抑この肥後の国を	133(29)
2019	文系	三のしるべ	江戸	俊恵法師は、ただ歌をば、	115(24)
2019	理系	落窪物語	平安	八月一日頃なるべし。	
2020	文系	和泉式部日記	平安	かくて、しばしばのたまはす	
2020	理系	北辺随筆	江戸	せめてといふ詞、中昔までは	
2021年度：第1回大学入学共通テスト実施。					
2021	文系	栄花物語	平安	今は筑紫におはしましつき	
2021	理系	正徹物語	室町	歌詠みは才覚をおぼゆべから	

京大古典プレミアム

別冊

教学社

目次

京大古典プレミアム　別冊問題編

第一章　京大古文へのお誘い

1　発心集

（一九九三年度―前期）

解答　本冊14ページ
難易度　B

【問題】

次の文を読んで、あとの問に答えよ。

永観律師といふ人ありけり。年ごろ念仏の志深く、名利を思はず、世捨てたるが如くなりけれど、さすがに、あはれにも、つかまつり知れる人を忘れざりければ、(1)ことさら深山《みやま》を求むることもなかりけり。東山禅林寺といふところに籠居しつつ、人に物を貸してなむ、日をおくるはかり事にしける。借る時も返す時も、ただ来たる人の心にまかせて沙汰しければ、(2)なかなか仏の物をとていささかも不法のことはせざりけり。いたくまづしき者の返さぬをば、前に呼び寄せて、物のほどにしたがひて念仏を申させてぞあがはせける。

東大寺の別当のあきたりけるに、白河院、この人をなし給ふ。聞く人、耳を驚かして、「(A)よも受け取らじ」といふほどに、(3)思はずに、いなび申すことなかりけり。

その時、年ごろの弟子、つかはれし人なんど、我も我もとあらそひて、東大寺の荘園を望みにけれども、一所も人のかへりみにもせずして、みな寺の修理の用途に寄せられたりける。みづから本寺に行き向かふ時には、異様《ことやう》なる馬に乗つて、(4)かしこにいるべきほどの時料、小法師に持たせてぞ入りける。

かくしつつ、三年のうちに修理事をはりて、すなはち辞し申す。(5)君、またとかくの仰せもなくて、異人《ことびと》をなされにけり。よくよく人の心を合はせたるしわざのやうなりければ、時の人は、「B寺の破れたることを、この人ならでは、心やすく沙汰すべき人もなし、と思しめして仰せ付けけるを、律師も心得給ひたりけるなむめり」とぞいひける。深く罪を恐れけるゆゑに、年ごろ寺の事おこなひけれど、寺物をつゆばかりも自用のことなくてやみにけり。

注　あがはせける＝つぐなわせた。
別当＝東大寺などの大寺院の最上位にあって、寺務を総裁する僧。
人のかへりみ＝特定の人に対する援助。

問一　傍線部(1)〜(5)を現代語に訳せ。省略されている言葉があると思われる箇所は、適宜補って訳せ。

解答欄：(1)横一㎝　(2)横二㎝　(3)横二㎝　(4)横一㎝　(5)横二㎝

問二　傍線部Aについて、「聞く人」はなぜこのようにいったのか、説明せよ。

解答欄：横三㎝

問三　傍線部Bの「時の人」の言葉はどういうことをいっているのか、傍線部(5)に述べられていることをも考えに入れて、説明せよ。

解答欄：横八㎝

2　花月草紙

（一九八五年度）

解答　本冊24ページ

難易度　B

【問題】

次の文は松平定信の随筆「花月草紙」の一章である。あとの問に答えよ。

くすしの先見

あるくすしが、「君はかならず、こん秋のころ(イ)何のいたづきにかかり給はん」といふをむづかりて、「いかでさることあらん」と、秋まではいひぬ。つひにいたづきにかかりてければ、(ロ)いひあてしくすしにあはんもおもてぶせなりとて、よそのくすしまねきてけり。さまざま薬与へたるがしるしもみえず、初のほどはうちのそこねしなるべしとて、うちとのふる薬なりければ、むねのあたりいよいよくるしく、ものもみいれねば、くすしも心得てそのくすりはやめつ。こたびは汗にとらんとしてもしるしなく、くださんとすれば、はらのみいたみていよいよくるし。せんかたなくて、(ハ)こころみにふとてうぜし薬、そのやまひにあたりやしけん、のみくだすよりむねのうちここちよく、つひに其やまひ癒えにけり。いのちたすけしひとなりとて、(ニ)家傾けてもむくはまほしく思ひしとなり。

さるに、「こん秋は、かならずこのやまひ出づべし。このくすり今よりのみ給へ」といふを、いまひとりのをのこ、「いかでさあらん。されどさいひ給はば(ホ)のみてまゐらすべし」とて、ひとごとのやうにのみ居たるが、つひにそのやまひもおこらず、つねにかはりし事なかりしかば、「さればこそかくあるべしと思ひしを、あの薬のまでもあるべき物を」といひしとや。

注 うちのそこねしなるべし＝「うち」は内臓のこと。

問一 傍線部(イ)～(ニ)を現代語訳せよ。

解答欄：(イ)横二㎝　(ロ)横二㎝　(ハ)横二㎝　(ニ)横二㎝

問二 傍線部(ホ)が「のみはべらん」とある場合を考え、「のみてまゐらすべし」との差異を論ぜよ。

解答欄：横四㎝

問三 「いまひとりのをのこ」の話に含まれているおかしさを説明せよ。

解答欄：横四㎝

問四 前半・後半を通じて、作者の松平定信は何を言おうとしているのか、説明せよ。

解答欄：横七㎝

3　手枕

（一九九〇年度―後期）

解答　本冊34ページ
難易度　B

【問題】

次の文を読んで、あとの問に答えよ。

さきの東宮は帝の弟であられたが、帝も御親愛になり、「いとかしこきまうけの君」として世のホープであった。かかる何ひとつ不足なき御身なのを、いかに御考えになったのか、世俗の栄華をつまらぬものとお思いになり、そのようなものものしい生き方でなく、「いけるよのかぎり、心やすくのどやかに、思ふことのこさず、心のゆくわざして、あかしくらすわざもがなとのみ、おぼしわたりけるほどに」、ついに本意の通り東宮を辞退されて、六条京極わたりに住んで自由な生活をなさったのであった。邸宅庭園を思うままに造営なさり、「よろづ心にくく、さるかたにをかしく、今めかしき」御住居のありさまであった。

坊におはしまいし時、そのころの大臣のむかひばらに、いとになくかしづきたて給ひしみむすめ、ほい有りてまゐり給ひける、御心ざし浅からず、あはれなる御なからひにて、一すぢにまめやかなる御ちぎりふかかりしほどに、いときよらにうつくしげなる女宮をなむ、うみ奉り給ひける。(1)二ところかぎりなくあはれなる物に思ひきこえさせ給ひつつ、明暮の御かしづきぐさにて、月日を過し給ひけるほどに、この宮の四つになり給ひし年の秋、はかなき御ここちのやうにて、父宮にはかにかくれさせ給ひぬ。まださかりの御よはひにて、(2)かうにはかにあへなき御事を、おほやけにも、いみじうあたらしうおぼしめしなげき、世の中の人もをしみ聞えさせぬなし。まいて御息所の御心まどひ、ただ何事もおもほしめされず、きしかたゆくさきかきくれて、あさましうおぼしまどふもことわりなり。(3)年ごろふたつなき御ちぎりを、かたみにまたなくたのみかはし給ひつつ、かた時にても、おくれ奉りては、世にあらんものともおぼさざりしかど、(4)かぎりある道は、御心にもかなはぬわざにて、えしたひきこえさせ給はぬぞくちをしういふかひなきや。いはけなき人は、何心もなく、戯《さ》れありき給ふを見給ふも、いとどしき御心のもよほしにて、(5)なかなかの忍草なめり。

（手枕）

注　坊＝東宮
むかひばら＝正妻の生んだ子
御息所＝ここでは、女宮の母君をさす。

問一　傍線部(1)～(4)を現代語訳せよ。

解答欄：(1)横四㎝　(2)横四㎝　(3)横四㎝　(4)横四㎝

問二　傍線部(5)を説明せよ。

解答欄：横四㎝

4 しのびね

（二〇〇三年度—前期）

解答 本冊41ページ
難易度 B

【問題】

次の文章は、中世の物語『しのびね』の一節である。女主人公の姫君は、ふとした機会に内大臣（ここでは殿とよばれる）の子、四位中将という貴公子と結ばれ、男の子（若君）にも恵まれて幸福であったが、二人の仲を喜ばない内大臣は、息子の中将に権勢家の娘との結婚を強要し、中将もそれを受け入れざるを得なかった。それを知って悩む姫君が、さらに中将から、内大臣が若君を自邸に引き取って育てることになったと告げられる場面である。よく読んで後の問に答えよ。

姫君は、をこがましく、さのみ思ひ沈みて見え奉らじと、さらぬ気色にもてなし給へど、心に思ふこと、などか見えざらん。*殿は、若君迎へ奉らんとて、日まで定め給へば、「これさへなくて、なほいかにつれづれならめ」と、(1)いたはしく思《おぼ》す。また「若君を見給ひては、母君のことを、さのみなさけなく思し捨てじ」と思へば、(2)かつはうれしくて、「(3)*あこをこそ迎へんとのたまへ。さ心得給へ。御つれづれこそ心苦しかるべけれ」とのたまへば、またこれさへかなしくて、生まれ給ひし日より、片時立ち去ることもなくて、ならひ給へば、恋ひしかるべけれども、殿へおはしては、人となり給はんもよきことと(4)思しなぐさめて、御装束などこしらへ給ふ。

*明日とての日は、もろともに例のつきせぬことどものたまふ。姫君は、若君を御膝におきて、ただきめざめと泣き給へば、御顔うちまもりて「(5)何を泣き給ふぞ。*小車《をぐるま》のほしきか」とて、うつくしき御手にて、御涙をかき払ひ給へば、せんかたなくかなしくて、「あこを見るまじきほどに、恋ひしからんことを思ひて泣くぞ」とのたまへば、「(6)な

ど見給ふまじき。よくも見給へ」とて、御顔さしあて給へば、忍ぶべき心地もせずむせかへり給へば、中将も涙にくれて、ものものたまはず。

注（＊）殿＝内大臣、あるいは内大臣の邸宅。
あこ＝我が子。若君を指す。
明日とての日＝いよいよ明日という日。
小車＝玩具の車。

問一 傍線部（1）（2）に述べられている中将の思いを、それぞれわかりやすく説明せよ。

解答欄：（1）横三cm　（2）横四cm

問二 傍線部（3）を、各文の主語を明らかにして現代語訳せよ。

解答欄：横三cm

問三 傍線部（4）の「思しなぐさめて」という姫君の思いはどのようなものか、わかりやすく説明せよ。

解答欄：横四cm

問四 傍線部（5）（6）は、どちらも若君の言葉である。それぞれ、母親のどのような態度・言葉を、どのように理解して言った言葉なのか、わかりやすく説明せよ。

解答欄：（5）横四cm　（6）横四cm

第二章　和歌と文章のコラボ

1　女郎花物語

（二〇一〇年度－理系）

解答　本冊52ページ

難易度　A

【問題】

次の文を読んで、後の問に答えよ。

近き頃にや、*筑紫に探題なりし人、時うつり世かはりて、昔のやうにもあらず衰へにければ、あひ知りける友だちの、いま探題もたる人を頼みて、筑紫へ下り侍りけるに、京に残しおきける妻、家貧しけれども、かしこき人にて、とかくとりつくろひ、子どもを育てて侍りけるが、(1)いかなる便りにても男のありさま聞くべきと、朝夕まちわびける折ふし、筑紫より文おこせければ、喜びてこの文を見るに、(2)在京の堪忍おもひやられて心ぐるしきよしなど書きつづけて、*宰府絹あまた、その他もさまざまの物を、おびただしく上《のぼ》すよしを書きつらねければ、いとうれしくて、なほ読みもてゆく奥に、(3)あらばかくこそやらまほしけれと、たはぶれごとを書き侍り。女この文を顔にあてて、泣く泣く思ふやう、げにこの色々のまことにあらば、さこそ上せまほしく思ひ給ひ侍りけめど、御身だに人を頼みて下り給ふほどの御ことなれば、(4)いかでかよろづ御こころにかなふ事もおはすべきと、推し量るに、あはれにいたはしく悲しくて、涙ながらに返りごとかきける奥に、

　こころざしあるかたよりのいつはりはたがまことよりうれしかりけり

と詠みて、子どもをもとにかくに育て侍るよしなだらかに申しくだし侍るとなん。

（『女郎花物語』より）

注（＊）筑紫に探題なりし人＝中世、九州全体の統括の任にあたった探題の長官であった人。
宰府絹＝九州特産の絹織物。

問一 傍線部(1)〜(4)を、適宜ことばを補って、現代語訳せよ。

解答欄：(1)二行　(2)三行　(3)二行　(4)二行

問二 文中の和歌を現代語訳せよ。

解答欄：三行

2　苔の衣

（二〇一二年度―理系）

解答　本冊59ページ
難易度　A

【問題】　次の文は、内大臣が北の方の死後に幼い娘の部屋を訪れる場面を描いたものである。これを読んで、後の問いに答えよ。

なにとなくしめやかなる行ひの隙《ひま》に、昼つ方姫君の御方へおはしたれば、宰相の乳母・侍従など二、三人ばかり候ひて、昔の御事など言ひ出づるにやあらん、うち萎《しを》れつつながめあへり。姫君は小さき几帳引き寄せて添ひ臥し給へり。歳の程よりもこよなく大人びて、上のことを尽きせず思し嘆きたるけにや、すこし面《おも》痩《や》せ給へるしも限りなく見え給ふ。*鈍色《にびいろ》の*細長ひき重ねて着給へるぞなかなかなまめかしく様殊《こと》なる。*前斎宮より御文とてあるを見給へば、薄紫の色紙にいとこまやかに書き給ひて、奥つ方に、

植ゑおきし*垣ほ荒れにし*とこなつの花をあはれとたれか見るらん

とあり。(1)「この返しとく」とそのかしきこえ給へば、いとどつつましげに思したれど、筆など取りまかなひて、御厨子《づし》なる薄鈍《うすにび》の色紙取り出でて書かせ奉り給ふ。(2)御手なども行く末思ひやられて、いと見まほしくうつくし。

(3)垣ほ荒れてとふ人もなきとこなつは起き臥しごとに露ぞこぼるる

（『苔の衣』より）

注（＊）　鈍色＝濃い鼠色。

細長＝女児や若い女性用の着物。
前斎宮＝亡き北の方の姉にあたる人。
垣ほ荒れにし＝北の方が亡くなったことをたとえる。「垣ほ」は垣根のこと。
とこなつ＝なでしこの別名。

問一 傍線部(1)を、主語を補って現代語訳せよ。

問二 傍線部(2)はどういうことか、わかりやすく説明せよ。

問三 傍線部(3)を現代語訳せよ。

解答欄：二行

解答欄：二行

解答欄：四行

3 住吉物語

（二〇〇〇年度―前期）

解答 本冊67ページ
難易度 B

【問題】

次の文は、『住吉物語』の一節である。女主人公の姫は、事情があり、心ならずも父中納言の家を出奔して摂津の住吉《すみよし》に隠れ住み、彼女を片恋する男主人公の中将は、彼女の行方を神仏に祈って捜している。話は、従者たちをともなって初瀬（長谷寺）に参籠した男主人公が、暁がたに霊夢を得るところに始まる。これを読んで、あとの問に答えよ。

春秋過ぎて、九月ばかりに初瀬に籠りて、七日といふ、夜もすがら行ひて、暁がたに少しまどろみたる夢に、(1)やんごとなき女、そばむきて居たり。さし寄りて見れば、我が思ふ人なり。嬉しさ、せんかたなくて、「(A)いづくにおはしますにか、かくいみじきめを見せ給ふぞ。いかばかりか思ひ嘆くと知り給へる」と言へば、うち泣きて、「かくまでとは思はざりしを。いとあはれにぞ」と言ひて、「今は帰りなん」と言へば、袖をひかへて、「(2)おはしましどころ、知らせさせ給へ」とのたまへば、

わたつ海のそことも知らず侘《わ》びぬれば住吉とこそ海人《あま》は言ひけれ

と言ひて、立つをひかへて返さずと見て、うちおどろきて、夢と知りせばと、悲しかりけり。さて、「仏の御しるしぞ」とて、夜の中に出でて、「住吉といふ所、尋ねみん」とて、御供なるものに、「精進のついでに、天王寺、住吉などに参らんと思ふなり。をのをの帰りて、この由を申せ」と仰せられければ、「いかに御供の人なくては侍るべき。捨て参らせて参りたらんに、よき事さぶらひなんや」と慕ひあひけれども、「(B)示現《じげん》をかうぶりたれば、そのままになむ。ことさらに、思ふやうあり。言はんままにてあるべし。いかに言ふとも、具すまじきぞ」とて、

御随身一人ばかりを具して、浄衣のなへらかなるに、薄色の衣に白き単着《ひとへ》て、藁沓《わらぐつ》、脛巾《はばき》して、竜田山越え行き、隠れ給ひにければ、聞こえわづらひて、御供のものは帰りにけり。

注　捨て参らせて参りたらんに＝お供申し上げずに邸に帰参したなら、の意。
示現＝神仏が霊験を示すこと。お告げ。

問一　傍線部(1)・(2)を現代語訳せよ。

解答欄：(1)横一・五㎝　(2)横一・五㎝

問二　傍線部(A)・(B)を、適当に言葉を補いながら解釈せよ。

解答欄：(A)横三・五㎝　(B)横三・五㎝

問三　文中の和歌を、その技法に留意しながら解釈せよ。

解答欄：横五㎝

問四　波線部を、適当に言葉を補いながら現代語訳せよ。なお、「夢と知りせば」は「思ひつつ寝ればや人の見えつらむ夢と知りせばさめざらましを」という古歌を踏まえた表現である。

解答欄：横四㎝

4　鳴門中将物語

（一九九五年度―後期）

解答　本冊78ページ
難易度　B

【問題】

次の文を読んで、あとの問に答えよ。

いづれの年の春とかや、やよひの花盛りに花徳門の御つぼにて、二条前関白、大宮大納言、刑部卿、三位頭中将など参り給ひて御鞠《まり》侍りしに、見物の人々にまじりて女どもあまた侍るなかに、内の御心よせにおぼしめすありけり。鞠は御心にも入らせ給はで、かの女のかたをしきりに御覧ずれば、女わづらはしげにおもひて、うちまぎれて左衛門の陣のかたへいでにけり。六位を召して、「(1)この女のかへらんところ見おきて申し侍れ」とおほせたびければ、蔵人おひつきて見るに、この女(2)こころえたりけるにや、いかにもこの男すかしやりて逃げんとおもひて、蔵人をまねきよせてうちわらひ、「『呉竹《くれたけ》の』と申させ給へ。あなかしこ、御かへしを承らんほどは御門にて待ちまゐらせん」といへば、(3)すかすとはゆめゆめおもひよらで、いそぎまゐりてこのよし奏し申せば、「さだめて古歌の句にてぞ侍らん」とて御たづねありけるに、その庭には知りたる人なかりければ、為家卿のもとへ御たづねありけるに、とりあへずふるき歌とて、

高くとも何にかはせん呉竹のひとよふたよのあだのふしをば

と申されたりければ、(4)いよいよこころにくきことにおぼしめして、御返事なくして、「ただ女のかへらんところをたしかに見て申せ」とおほせたびければ、立ちかへりありつるかどを見るに、かきけつやうにうせぬ。また、(5)まゐりてしかじかと奏すれば、御けしきあしくて、たづねいださずはとがあるべきよしをおほせらる。蔵人あをざめてまかり

いでぬ。このことによりて御鞠もことさめて入らせ給ひぬ。

（『鳴門中将物語』より）

注 内＝帝。
六位＝六位の蔵人のこと。後出の「蔵人」と同じ人物。
呉竹の＝節（ふし・よ）の枕詞。
ふし＝竹の節と、「伏し」の掛詞。

問一 傍線部(1)・(2)・(5)を必要な言葉を補って現代語訳せよ。

解答欄：(1)横一cm (2)横二cm (5)横三cm

問二 傍線部(3)について、女はどのようにして「すかす」ことを考えたのか、場面に即して説明せよ。

解答欄：横三・五cm

問三 文中に引用された和歌の大意を説明せよ。

解答欄：横三・五cm

問四 傍線部(4)について、だれがなぜそう思ったかがわかるように説明せよ。

解答欄：横三・五cm

第三章　ここがヤマ場の歌論

1　百人一首聞書、牛の涎

（二〇一四年度―理系）

解答　本冊88ページ
難易度　A

【問題】
次の甲と乙とは、猿丸大夫の歌「奥山に紅葉踏み分け鳴く鹿の声聞く時ぞ秋は悲しき」について書かれた文章である。これを読んで、後の問に答えよ。

甲

この鹿に心なほあり。春夏などの草木茂り、隠れ所の多き時は、野にも山にも里にも起き臥して(1)己が栄華のままなり。秋暮れ、草木も枯れ行くまま、次第次第に山近く行くに、なほここも蔭なくなれば山の奥をたのみ入るに、また蔭なければ木の葉を踏み分け、露、時雨に濡れて鳴く鹿の心、おして知るべし。今はいづくに行きて身を隠す方あらんと哀れに聞こゆるなり。

（『百人一首聞書』より）

乙

この歌は、(2)秋のあはれも常の家に居てはさのみ悲しとは思はず、家を出でて奥山に分け入り、紅葉の落ち葉を踏み分け、いと哀れなる折しも、妻恋ふ鹿の声を聞く時こそ、はじめて秋の悲しさを知るとなり。総じて、うれしき事もかなしき事も、その所へ深く入りて見ざる時は、感通はなきものなり。

（小倉無隣『牛の涎』より）

問一 傍線部（1）（2）の意味を記せ。

解答欄：（1）一行　（2）二行

問二 乙はこの歌から一つの教訓を引き出している。それはどのような教訓か、説明せよ。

解答欄：三行

問三 甲と乙とでは、この歌について解釈の異なる点がいくつかある。そのうち、最も大きな相違はどこにあるか、説明せよ。

解答欄：三行

2　冷泉家和歌秘々口伝

（二〇〇七年度―文系）

解答　本冊95ページ
難易度　B

【問題】

次の文を読んで、後の問に答えよ。

俊成卿云ふ、歌とはよろづにつきて、我が心に思ふことを言葉に言ひ出《いだ》すを歌といふとのたまひ、定家卿は和歌に師なし、心をもて師とすと仰《おほ》せられたり。(1)おほかた姿はやすく心得たるを、人ごとの心には、余所《よそ》より、遠く求め出すべきやうに存ずる故に大事なり。

この道、神代より始まりて、わが国の風《ふう》となれり。人と生るるもの、心なく、言葉なきはあるべからず。しかれば、(2)その思ふことを口に言はんことかたかるべしや。例へば、あら寒むやと思ひ、小袖を着ばや、火に当らばやと言ひ出す、これすなはち歌なり。歌のはじめは、「*あなにえや」と言ひ出し給ひける、これ歌なり。その後、(3)心に思ふこと多ければ、言葉も多く言ひつらねき。三十一字に定め、句を五七五七七に定めけることは、*「八雲《やくも》たつ出雲《いづも》八重《やへ》垣《がき》」の歌より、(4)この文字数くばり聞きよしとて、今に学べり。されば歌の本体とは、ありのままの事をかざらず言ひ出すを本とせり。

それを万葉の末つかたより、*曲を詠みそへて歌のかざりとしたるなり。(5)例へば「*ほのぼのと明石の浦」と詠めるがごとし。ただ明石の五《いつ》文字なるべくは、「播磨なる」と置くべきに、ほのぼのと明らかなど言ふを、言の花のにほひにしたるなり。その時代にも飾らずありのままによめるもあり。(6)人の化粧《けはひ》したると、ただがほなるとのごとし。

（『冷泉家和歌秘々口伝』より）

注（＊）あなにえや＝イザナキとイザナミの二神が天の御柱をめぐりながら互いを褒めたたえあったという感嘆の言葉。

八雲たつ出雲八重垣の歌＝スサノヲノミコトの歌「八雲たつ出雲八重垣妻ごみに八重垣つくるその八重垣を」。五七五七七形式の最初の歌として知られる。

曲＝おもしろみ。

ほのぼのと明石の浦＝柿本人麻呂の歌「ほのぼのと明石の浦の朝霧に島がくれ行く舟をしぞ思ふ」。なお、明石は播磨国の瀬戸内海岸にある地名。

問一　傍線部(1)は、人々の考え方が歌の姿（おもむき）を得難くさせていることを述べている。適宜ことばを補って現代語訳せよ。

解答欄：四行

問二　傍線部(2)〜(4)を、それぞれ適宜ことばを補って現代語訳せよ。

解答欄：(2)二行　(3)二行　(4)二行

問三　傍線部(5)はどのようなことを言うのか、解釈せよ。なお「明石の五文字」とは「明石に冠する五文字」の意である。

解答欄：四行

問四　傍線部(6)のたとえは、どのような意味か、説明せよ。

解答欄：三行

3 新古今集美濃の家づと

（一九九七年度－前期）

解答 本冊104ページ
難易度 C

【問題】

次の（A）（B）は、本居宣長が『新古今和歌集』の歌に注を施したものである。よく読んであとの問に答えよ。

（A）

題知らず　　西行

あふまでの命もがなと思ひしはくやしかりける我が心かな

あひ見て後、いよいよ思ひのいやまされるにつきて思へば、いまだあはざりしほどに死にたらむには、かかる思ひはあるまじきものを、あふまであらむ命を願ひしは、いま思へばくやし、となり。古き抄に、「あひぬれば、またいつまでもと命の惜しくなりぬれば、あふまでの命と願ひしはくやし、といへるなり」といへるは、初二句の言葉のさまにすこしかなはず。てにをはの運びをこまかに味はふべし。歌ぬしの心、もしその意ならば、「あふまでと惜しき命を思ひしは」といひてよろしきなり。「と」文字と「を」文字とを思ふべし。「惜しき」といふ言葉も「今は惜しき」にて、「くやし」といふにかけ合ふべし。しかるを「あふまでの命もがな」といひては、ただいかにもしてあふまでは長らへむと願ふ意なるをや。

（B）

寄風恋《かぜによするこひ》　　宮内卿

聞くやいかにうはの空なる風だにもまつに音するならひありとは

めでたし。下の句、言葉めでたし。「聞くやいかに」とは、「云々のならひありといふことをば聞き及び給へりや」といふに、その風の音を聞くことをも兼ねたり。「うはの空なる」は、俗言にいふと同じ意にて、何の心も情けもなき風といふことにて、空を吹く縁の言葉なり。「まつに音する」は、松の梢《こずゑ》に音するを、人待つところにはおとづるることに取れり。契沖云ふ、「この発句、人を理《ことわ》りにいひ詰むるやうにて、女の歌にはことにいかにぞやあるなり。『聞くや君』といはば、まさらむ、と申す人侍りき」といへり。まことに「いかに」はすこしいひ過ぐして聞こゆるなり。

（『新古今集美濃の家づと』）

注 古き抄＝昔の注釈書

問一 （A）の歌を、（1）宣長の解釈、（2）「古き抄」の解釈に、それぞれ従って、違いがはっきりとわかるように、二通りに現代語訳せよ。

解答欄：(1)横三・五㎝　(2)横三㎝

問二 （A）における、「古き抄」の解釈に対する宣長の批判を、わかりやすく説明せよ。

解答欄：横五・五㎝

問三 （B）の歌を、宣長の解釈を参考にして、わかりやすく現代語訳せよ。

解答欄：横三・五㎝

問四 （B）の歌に対する契沖・宣長の批判を、わかりやすく説明せよ。

解答欄：横三・五㎝

4 三のしるべ

（二〇一九年度―文系）

解答 本冊115ページ

難易度 C

【問題】

次の文は、江戸時代後期の国学者、藤井高尚が記したものである。これを読んで、後の問に答えよ。

*俊恵法師は、ただ歌をば、をさなかれといへり。この人、歌の情《こころ》をよくしれるなり。をさなき人は思ふ情ひとへにふかく、おろかなる事をぞいふ。歌の情もさやうなればなり。

*山部の大人《うし》の歌に、

ふじのねにふりおける雪はみな月の望《もち》に消《け》ぬればその夜ふりけり

とよまれしも、(1)おろかなる情をいはれたるなり。さるからにいといとあはれふかくきこゆ。この歌は、ふじの雪のとことはに消《き》えぬ事をいへるなり。(2)それを「みな月の望にも消えぬふじのしら雪」とよみたらんには、かいなでの歌よみなるべし。「望に消ぬれば」といへるなん、いひしらずをかしき。今この歌の情を考ふるに、ふじの雪の常に消えぬを見て、いみじき高山なれば、寒くて消えざることわりはしらぬをさなきこころになりて、なべての雪といふものは、ふりては消え、消えてはふれば、ふじの雪もかならずさやうならんに、消えしをりの見えぬはあやしと、しばしながめやすらひて思ひえたり。ふじはいみじき高山なれば、雪も消えがてにして、こと所とはことなるべし。この山にふりおける雪は、みな月の望のあつさかりのかぎりに消えて、その夜ふりけり。(3)さるからに消えしをりの見えぬにこそと、あらぬ事をいへる歌にて、いといとあはれふかきなり。まことに歌の情は、かくこそあらまほしけれ。をかしともをかしく、めでたしともめでたく、世々の歌よみのさらにおよびがたき所なり。赤人は*人麻呂の下《しも》にたたんことかたしとも、歌にあやしくたへなりともいはれつる*貫之主《ぬし》は、歌のさまをよくしられたる人なりとぞ思ひしられける。さるを万葉集のむかし今の*注さくどもに、(4)この「望に消ぬれば」の歌を、ふじの雪はまことにみな月の望に消えて、その夜ふるもののやうにこころえて、こともなげに説《と》けるは、むげに歌の情を見しらぬ説《ときごと》なりけり。まことにさやうならんには、山部の大人のとも思はれぬつたなきただこと歌なり。雪の消ゆばかりあつからんに、いかでかその夜ふるべき。さはあらぬ事を思ひいふが、あはれなる歌の情なり。それを見しらぬは、(5)いにしへのよき歌のさまをたふとびしたはざるゆゑに、心のおよばぬにぞありける。さやうに古歌をなほざりに見過ぐしては、すべて柿本、山部のふたりの大人の歌のあはれなる情のふかき事は、さらにしられじ。この大人たちのこころをえて、つらつら思へば、歌もて道々しき事いふは、いみじきひがことなりけり。道々しきことは、文にかきてこそいふべけれ。いにしへよりよき歌には、おのがこころえがほなる事、*たけきこころなどを、さらにいはざるも、人のあはれと思ふべくよむが歌なればなり。

(『三のしるべ』より)


注（*）俊恵法師＝平安時代末期の歌人。源俊頼の子。

山部の大人の歌＝「山部の大人」は山部赤人。「大人」はその人を敬っていう語。この歌は『万葉集』に出ている。

人麻呂＝柿本人麻呂。

貫之主＝紀貫之。「主」はその人を敬っていう語。『古今和歌集』の「仮名序」で山部赤人、柿本人麻呂らについての批評をしている。

注さく＝注釈書。

たけき＝ここでは、自分が利口だと誇るさま。

問一　傍線部(1)はどういう「情」か、説明せよ。
解答欄：二行

問二　傍線部(2)について、指示語の内容を明らかにして現代語訳せよ（「みな月の望にも消えぬふじのしら雪」も現代語訳すること）。
解答欄：三行

問三　傍線部(3)について、「さるからに」の内容を明らかにして現代語訳せよ。
解答欄：三行

問四　傍線部(4)について、筆者は何を問題視しているのか、説明せよ。
解答欄：二行

問五　傍線部(5)について、筆者は「いにしへのよき歌」とはどのようなものだと考えているのか、本文全体を踏まえて説明せよ。
解答欄：四行

第四章　江戸随筆アラカルト

1　玉勝間

（二〇一三年度－理系）

解答　本冊126ページ
難易度　A

【問題】

次の文を読んで、後の問に答えよ。

(1)同じ人の説《ときごと》の、こことかしことゆきちがひてひとしからざるは、いづれによるべきぞとまどはしくて、大かたその人の説、すべてうきたるここちのせらるる、そは一わたりはさる事なれども、(2)なほさしもあらず。はじめより終はりまで説のかはれる事なきは、なかなかにをかしからぬかたもあるぞかし。はじめに定めおきつる事の、ほどへて後にまた異なるよき考への出で来るは、つねにある事なれば、はじめとかはれる事あるこそよけれ。年をへて学問すすみゆけば、説は必ずかはらでかなはず。またおのがはじめの誤りを後にしりながらは、つつみかくさできよく改めたるも、いとよき事なり。殊にわが*古学の道は近きほどよりひらけそめつる事なれば、すみやかにことごとくは考へつくすべきにあらず。人をへ年をへてこそ、つぎつぎに明らかにはなりゆくべきわざなれば、一人の説の中にもさきなると後なると異なる事は、もとよりあらではえあらぬわざなり。そは一人の生《いき》のかぎりのほどにも、つぎつぎに明らかになりゆくなり。さればそのさきのと後のとの中には、後の方をぞその人のさだまれる説とはすべかりける。但しまた、みづからこそはじめのをばわろしと思ひて改めつれ、また後に人の見るには、なほはじめのかたよろしくて後のはなかなかにわろきもなきにあらざれば、(3)とにかくにえらびは見む人の心になむ。

（本居宣長『玉勝間』より）

注（＊）古学＝国学。日本の古典を研究して古代の精神を明らかにしようとする学問。

問一 傍線部（1）を現代語訳せよ。

解答欄：四行

問二 傍線部（2）のようにいうのはなぜか、説明せよ。

解答欄：四行

問三 傍線部（3）はどういうことか、説明せよ。

解答欄：三行

2 肥後道記

（二〇一八年度—理系）

解答 本冊133ページ
難易度 A

【問題】

次の文は、肥後国八代《やつしろ》城主、加藤正方に仕えた西山宗因が著したものである。寛永九年（一六三二）五月、正方の主君であった肥後国熊本藩主の改易処分に伴い、宗因は正方ともども流浪の身となった。これを読んで、後の問に答えよ。

抑《そもそも》この肥後の国をたもちはじめ給ひし年月を数ふれば、四十年あまり、*二代の管領にていまそがりければ、たけきもののふも恩沢のあつきになつき、(1)あやしの民の草葉も徳風のかうばしきになびきて、家とみ国さかえたるたのみをうしなひてより、所なげにまどひあへる事、ことわりにも過ぎたり。数ならぬ身も*たのみし人に伴ひて、東がた武蔵の国まですらへありきて、ことし文月のころ都へ帰りのぼりても、なほ住みなれし国の事は忘れがたく、親はらから恋しき人おほくて、とぶらひがてらまかりくだりしに、(2)こそことしのうさつらさ、たがひに言葉もなし。かくてしばらくありて、また京のかたへと思ひ立つに、老いたる親、古き友などしたひとどめて、まづしき世をもおなじ所にありてかたみに力をも添へむなど、さまざまにいふを、ふりすてがたくは侍りつれど、(3)とどまるべきよすがもなく、行く末とてもさだめたる事もなければど、しらぬ里は身をはづることもあらじなど思ひさだめて、長月の末つ方、秋の別れとともに立ち出で侍る。

（『肥後道記』より）

注（*）二代の管領にていまそがりければ＝加藤清正、忠広の父子二代にわたって肥後国熊本藩主であったという

第四章

こと。

たのみし人＝加藤正方を指す。

問一　傍線部（1）を、比喩を明らかにしつつ現代語訳せよ。

問二　傍線部（2）はどのようなことを言っているのか、説明せよ。

問三　傍線部（3）を現代語訳せよ。

解答欄：二行

解答欄：四行

解答欄：四行

3 駿台雑話

（二〇〇〇年度―後期）

解答 本冊141ページ

難易度 B

【問題】

次の文を読んで、あとの問に答えよ。

「*おほかたは月をもめでじ」とはよみたれども、老いの心も月見るにぞなぐさみはべる。されど、(1)それにつきて千載無窮の感も起こりぬれば、うべ月を「人の老いとなる」ともいふべかめり。ただし月を見るにいろいろあり。今思ひ出しはべる。童子の時、家にて八月十五夜の宴に、ひとり隅に向かひてゐたりしに、さる武士の*一丁字《いっていじ》知らぬが、月をつくづくと見て、「月は径《わた》り幾尺かあるべき。おのおの考へて見たまへ」といふ。また同じやうの人々、かたへより、「あれは物の切り口と見ゆ。奥へ長さいかほどあらん」とて、たがひに詮議しけるを、聞く人々皆*舌を喰ひけり。*翁もをさな心にをかしかりし。今思へば、世俗、月を賞して、光の明《あか》きを誇り、影の清きにめでて、良夜とてただうち寄り、物喰ひ酒飲みなどして歌ひののしるを楽しみとするは、(A)かの*寸尺を語るに等しかりぬべし。*騒人墨客の月を眺めて、字ごとに金玉を雕《ゑ》り、句ごとに錦繡《きんしう》を裁するも、風雅には聞こゆれども、それもただ*景気の上を翫《もてあそ》ぶばかりにて、月に深き感あることを知らぬなるべし。

翁が千載無窮の感と申すは、わが儕《ともがら》、古人を慕ひて、その書を読み、その心を知りつつ、常に世を経たる恨みあるに、月ばかりこそ世々の人を照らしきて今にあれば、(B)古人の形見ともいふべし。されば月に対して昔を忍びては、さながら古人の面影も映るやうに覚え、月はものいはねども、語るやうにも覚え、忘れては昔のことを問はましくも思ふぞかし。

翁、むかし楚辞を読みて、「往きし者は余《われ》及ばず。来たる者は吾《われ》聞かず」といふに至りて、*屈子《くつし》が心をおしはかりつつ、感にたへずなん覚えき。この二句の意をいふに、屈子一代に知己なきを悲しみて、「(2)古人はまことにわが心を得たれば、あはれひとたび会うて語らうてと思へど、その世に及ばねばかなはず。また末の世にさる人こそありて、我と心を同じうすらめと思へど、その人を聞かねば、誰とか知らん」とぞ。これなん屈子に限らず、古今*心ある際《きは》は、おほかたこの恨みなきにしもあらず。翁もこの心にして月を見るにや、いとど感深く覚ゆるなり。もとより*今は末の世の昔なれば、いづれの世にか、またわがごとく月に対して今を忍ぶ人もやあらん。月はさこそその世をも照らすらめ。(C)もしあつらへ告げらるるものならば、月にさは一言をも残さましと思ひはべる。その心を、

月見れば末の世までも忍ばれて見ぬいにしへのいとどゆかしき

（『駿台雑話』より）

注（＊）　おほかたは月をもめでじ＝『古今和歌集』在原業平の歌、おほかたは月をもめでじこれぞこの積もれば人の老いとなるもの（大体において、月を賞美するなどということはしないのがよい。この月というものは、見ることが重なれば、人間の老いにつながるものだから）。

一丁字知らぬ＝文字を一つも知らない。無学なさま。

舌を喰ひけり＝あきれ果てた。

翁＝この文の作者の自称。

寸尺を語る＝月の直径や奥行きを議論する。

騒人墨客の～裁するも＝漢詩人が月を眺めて、どの言葉もどの句も美しく見事に詠ずるのも。

景気＝景色、情景。

屈子＝屈原。『楚辞』の代表的な作者。

心ある際は＝心ある者はすべて。
今は末の世の昔なれば＝現在は、後世から見れば過去であるので。

問一 傍線部(1)(2)を現代語訳せよ。

問二 傍線部(A)(B)は、なぜこのようなことがいえるのか、説明せよ。

問三 傍線部(C)は、どういうことをいっているのか、説明せよ。

問四 「月見れば」の歌を現代語訳せよ。

解答欄：(1)横三cm　(2)横五cm

解答欄：(A)横四cm　(B)横四cm

解答欄：横四cm

解答欄：横四cm

4 ぬす人いりしまど

（一九七七年度）

解答 本冊152ページ
難易度 B

【問題】

左は、上田秋成の「ぬす人いりしまど」という作品である。ただし、その前段は大要を口語で掲げる。

五月雨の夜、ほととぎすの鳴く事もあるかと起きていたのに、いつの間にか眠ってしまった。短か夜が明けて、気がつくと戸にすき間があいている。よく風邪を引かなかったものだと、すっかり開け放って見ると、縁の上にも畳の上にも泥《どろ》の足跡が沢山ついている。びっくりして、どこから何者が来たのかと、庭の方を眺めると、築地《ついぢ》の破れが大きくなっている。「さてはぬす人が入ったのだな。家ごと持って行ってくれても惜しい事ではない。命が無事でまあよかった」とどうやら心が落ちついた。一、二枚の着古ししかない葛籠《つづら》の中を探ったようだが、あまり物がないのであきれたのか何も盗んでいない。ぬす人にまで軽蔑《べつ》されたかと無念の至りである。

足の跡むさむさしきをば、掻い拭き、はきやるとて、ふと見たれば、机の上に紙一ひらひろげて、きつねなどが書きすさびたるやうに、墨つきしどろにて、何事をか書いつけたり。あやしうとりて見れば文なり。

「こよひの雨に立ちぬれつつ宿りがてらおし入りたるに、我がともがらのぬすみして、夜にはひかくるるは、ことわりなるものの、かうまでまづしくておはさんとは、おもひもかけずぞ有りし。銭かねのあらぬのみかは、米だに一升だもあらで、(1)あすの煙は、何をたよりにとや。外の家にてとりきたる物だにあらば、えさせんを、(2)我が手のむなしきは、あるじが幸ひなきなり。歌はすきてよむにや、ほととぎす待ち顔なることを書きもをはらで寝たるよ。

ふかき夜の雨にまどへるしのびねを
我(イ)これにつがんや、

やよほととぎすふた声はなけ。しのびねとよめるみて、我夜にかくれてあぶれありくをいふよ。むかしは、(ロ)かかる遊びを(ハ)庭のをしへにてならひしか。酒といふあしき友にいざなはれて、よからぬをこ業していやしき命をけふばかりはとのがれありくぞ」と、おにおにしく書いしるしたり。わろもののなかに、かかる人も有りけり、眼さめたらばとどめて、打ちものがたらんを、(3)なほ外にたちてありわびやすると、竹の戸あけて見おくりたれど、跡とむべくもあらず。(4)魂《たま》あへる友を、あるじもせでかへしたる心ちなんせらる。さてあるべくもあらねば、いかでうづみおきし火やあるとかいまさぐる。そのあたりは、さすがに腹や寒かりけん、ひつのそこ名残なうくらひはててかへりしなり。酒よきものなど有りたらば、心ゆかせてかへさんものをと、かまどくゆらせつつおもふぞ、をかしのけさの寝ざめなりけり。

右の文章について、次の問いに答えよ。

問一 傍線部(1)～(4)を口語訳せよ。

問二 傍線部イはどうしようというのか。

問三 傍線部ロは何をさすか。

問四 「庭のをしへ」(傍線部ハ)とは何か。次の中から一つを選び、記号で答えよ。

a 先生から教えてもらうこと。

b　親から教えてもらうこと。

c　見よう見まねで知ること。

d　友人に教えられること。

問五　作者はこの出来事の後でどういう感想を抱いたと思うか。百字以上二百字以内に記せ。

〔編集部注〕本問題については、解答欄の大きさは不明です。あしからずご了承ください。

第五章　超難問で仕上げ演習

1　雑々集

（一九九三年度―後期）

解答　本冊162ページ

難易度　B

【問題】

次の文を読んで、あとの問に答えよ。

いまはむかし、ある男、(1)女のつれなかりしをいひなびけ、終に、夫婦となりて住みけり。さて、としごろ過ぎける程に、又こと女にいひかたらひ、おなじ家におきて、間をへだてて住みける。(2)しだいにもとの女にかれがれになりて、いまの女とのみうちそひけるが、秋の夜のながきに、あかつきがた目をさましてゐたるに、落葉ふみしくさを鹿の、いとものあはれに鳴きけるを、男ききて、もとの女のねやもほど近かりければ、いかに、そなたには鹿のものあはれに鳴くをば、目さましてきき給ひつや、といひかけけるに、女、

（イ）　われもしかなきてぞ人に恋ひられし今こそよそにこゑをのみきけ

とよみければ、男、かぎりなくやさし、と思ひて、いまの女をおくり、もとの女となん住み侍りける。そうじて、男の二心あるといふは、としわかきすさび、一たんの事なるべし。たとひうつろふかた有りといふとも、猶、思ひ入れたるていに、(3)よろづのうきふしを見しのびすぐしなば、男の心もおのづからやはらぎ、おもひなほすためし、これおほし。あるうたに、

（ロ）　いにしへの野中の清水ぬるけれどもとの心をしる人ぞくむ

このうた、能因法師が歌枕に、もとの女にかへりすむといふことをよみたるとなり。されば、のちの女これをききて、

（ハ）　我ためにいとどあさくやなりぬらむ野中の清水ふかさまされば

とよみたりけるとかや。

（『雑々集』）

注　歌枕＝ここでは書名。

問一　傍線部（1）（2）（3）を現代語訳せよ。

解答欄：（1）横二㎝　（2）横二㎝　（3）横二㎝

問二（1）　（イ）の歌を、修辞に注意して現代語訳せよ。

解答欄：横二・五㎝

（2）　二重傍線部「かぎりなくやさし」は（イ）の歌のどのような点についての、どのような評価か、簡潔に記せ。

解答欄：横二・五㎝

問三　（ロ）の歌を、「もとの女にかへりすむといふことをよみたる」という解釈にそって説明せよ。

解答欄：横四㎝

問四　「のちの女」はどのような意味をこめて（ハ）の歌を詠んだのか、説明せよ。

解答欄：横四㎝

2　伊勢物語

（二〇一六年度―文系）

解答　本冊173ページ
難易度　C

【問題】

次の文を読んで、後の問に答えよ。

昔、をとこ有けり。(1)恨むる人を恨みて、

A　*鳥の子を十《とを》づつ十は重《かさ》ぬとも思はぬ人を思ふものかは

といへりければ、

B　朝露は消えのこりてもありぬべし誰《たれ》かこの世を頼《たの》みはつべき

また、をとこ、

C　(2)吹く風に去年《こぞ》の桜は散らずともあな頼みがた人の心は

また、女、返し、

D　(3)行く水に数《かず》かくよりもはかなきは思はぬ人を思ふなりけり

また、をとこ、

E　行く水と過ぐる齢《よはひ》と散る花といづれ待ててふことを聞くらん

*あだくらべかたみにしけるをとこ女の、忍びありきしけることなるべし。

（『伊勢物語』より）

注（＊）　鳥の子を十づつ十＝鶏の卵を百個。
　　あだくらべ＝相手を浮気ものだと言い合うこと。

問一　傍線部(1)について、江戸時代の学者契沖《けいちゅう》の『勢語臆断《せいごおくだん》』という『伊勢物語』の注釈書は、「恨むまじきに恨むる人を、こなたよりまた恨むるなり」と解説している。それを参考にして、この傍線部の意味をわかりやすく説明せよ。

解答欄：二行

問二　Aの歌の「鳥の子を十づつ十は重ぬとも」という表現は、次の中国の説話に基づくものとされる。晋の霊公が九層の台（高層の建物）を築こうとしたところ、孫息が、盤上遊戯の駒と卵を用いて諫め、それを中止させた話である。

孫息曰ハク、「臣能ク累《かさネ》二十二棋ヲ一、加フト二九鶏子ヲ其ノ上ニ一」。公曰ハク、「吾少ナクレ学ブコト、未ダ二嘗テ見一ル也」。子為ニ二寡人ノ一作セトレ之ヲ」。孫息即チ正シ二顔色ヲ一、定メ二志意ヲ一、以テ二棋子ヲ一置キレ下ニ、加フ二鶏子ヲ其ノ上ニ一。左右慴《せふ》息《そくシ》、霊公俯伏シテ、気息不レ続カ。公曰ハク、「危フキ哉ト」。孫息曰ハク、「公為《つくり》二九層之台ヲ一、三年不レ成ラ。危フキコト甚ダシト二於此一ヨリモ」。

（『説苑』より）

注＝「慴息」は怖くて息をつめること。

卵を積みあげるという行いは同じであるが、この説話とAの歌とではその意味、捉え方が異なっている。その違いに言及しながら、Aの歌がどのようなことを言っているのか、わかりやすく説明せよ。

解答欄：四行

問三　Bの歌について、『勢語臆断』は、

消え残るまじき朝露は、なほ残りても有ぬべし。誰かあだなる世の人の心を、後までかはらであらんとたのみはつべきとなり。

と解説している。この解説の文章を現代語訳せよ。

解答欄：三行

問四　傍線部(2)と傍線部(3)を、それぞれその比喩の意味が明らかになるように言葉を補いつつ、現代語訳せよ。

解答欄：(2)二行　(3)二行

問五　Eの歌を現代語訳せよ。

解答欄：二行

3　百首異見　（二〇一二年度―文系）

解答　本冊183ページ
難易度　C

【問題】

次の文を読んで、後の問に答えよ。

春の夜の夢ばかりなる手枕にかひなくたたん名こそ惜しけれ　　周防内侍

『千載集』雑上、「きさらぎばかり月のあかき夜、二条院にて人々あまたゐあかして物語などし侍りけるに、内侍周防よりふして、枕もがなと忍びやかにいふを聞きて、大納言忠家、これを枕にとて、かひなを御簾の下よりさし入れて侍りければ、よみ侍りける」とあり。此の春の夜の夢の間ばかりかはさん手枕にたつらん名は其のかひあらじ。さるあだし名はいとも世にこそ惜しけれと、いなめる方によめる也。さて「かひなく」に肘《かひな》をかくしていへり。忠家卿の返し、「契有りて春の夜ふかき手枕をいかがかひなき夢になすべき」とあり。

こは(1)語らひ更かしてうち眠らるるわりなさを、こなたどち寄りかかりてうちささやけるを、忠家卿の御座《おまし》、かの御簾のほとりなれば、早く聞きとりて、「其の枕まゐらせんや、是《これ》をだに」とて、肘をさし入れられし也。(2)みそかなるうちとけごとを聞きあらはしたるを、したりがほなる座興也。寝《ぬ》るにあかぬ若女房の春夜のまどひ見るここちす。さて其の座興をすかさず恋のうへにとりなして、「春の夜の夢ばかりなる」云々と負惜しみによみ出せるがかへりてをかしう、歌がらさへなつかしきには、(3)よその眠も覚めつべし。しかいはれて後に、「いかがかひなき夢になすべき」などかなたざまの返しせられたるは、中々おそしといふべき也。

『*初学』に、「此の歌、かひなをとて指し入れたるに、其の詞をうけてとみにいひなしたるに興はある也」といへるは非也。何ぞさばかりのみを興とせん。こはさらぬ戯《あざ》れを恋にとりなしたるが面白き也。肘をよみ入れたるもさすがにをかしきものから、又何ばかりにもあらぬ事也。また詞書に「かひなを」云々といへるは、*撰者の詞也。かの卿うちつけに「此のかひなを」といはれたるには非ず。「これを」とてさし入れたるが即ち肘なれば、歌に「かひなく」といへるのみ。されば其の詞をうけてと解くべきにはあらじ。

（香川景樹『百首異見』より）

注（＊）『初学』＝賀茂真淵の著した歌論書。
撰者＝『千載集』の撰者。

問一 傍線部(1)(2)を現代語訳せよ。

解答欄：(1)二行　(2)三行

問二 傍線部(3)はどういうことか、簡潔に説明せよ。

解答欄：三行

問三 周防内侍の歌に対する『初学』の評価について、筆者は「非也」と批判している。その批判の内容を二つに分けて説明せよ。

解答欄：四行・四行

4 源氏物語

（二〇一三年度―文系）

解答 本冊193ページ

難易度 C

【問題】

次の文は、『源氏物語』宿木巻の一節である。中の君（女君）を妻としていた匂宮（宮）は、時の権力者である右大臣（右大殿《みぎのおほいどの》）の娘との縁談を断り切れず、しぶしぶながら承諾した。その婚儀は八月十六日の夜に予定されている。これを読んで、後の問に答えよ。

右大殿には、六条院の東の御殿《おとど》磨きしつらひて、限りなくよろづをととのへて待ちきこえたまふに、十六日の月やうやうさし上がるまで心もとなければ、「いとしも御心に入らぬことにて、いかならん」と安からず思ほして、*案内したまへば、「この夕つ方内裏《うち》より出でたまひて、*二条院になんおはしますなる」と人申す。(1)思《おぼ》す人持《も》たまへればと心やましけれど、今宵過ぎんも人笑へなるべければ、御子の頭中将して聞こえたまへり。

大空の月だにやどるわが宿に待つ宵すぎて見えぬ君かな

宮は、「なかなか*今なんとも見えじ、心苦し」と思して、内裏におはしけるを、*御文聞こえたまへりける、*御返りやいかがありけん、なほいとあはれに思されければ、忍びて渡りたまへりけるなりけり。らうたげなるありさまを見棄てて出づべき心地もせず、Aいとほしければ、よろづに契り慰めて、もろともに月をながめておはするほどなりけり。

女君は、日ごろもよろづに思ふこと多かれど、(2)いかで気色に出ださじと念じ返しつつ、つれなく冷《さ》ましたまふことなれば、ことに*聞きもとどめぬさまに、*おほどかにもてなしておはする気色いとあはれなり。

中将の参りたまへるを聞きたまひて、さすがにかれもBいとほしければ、出でたまはんとて、「(3)今いととく参り来ん。

ひとり月な見たまひそ。心そらなればいと苦し」と聞こえおきたまひて、なほかたはらいたければ、隠れの方より寝殿へ渡りたまふ。御後手《うしろで》を見送るに、ともかくも思はねど、ただ枕の浮きぬべき心地すれば、「心憂きものは人の心なりけり」と我ながら思ひ知らる。

（『源氏物語』より）

注（＊）案内したまへば＝右大臣が人を遣わして匂宮の様子を探らせなさったところ。
二条院＝匂宮が中の君と共に住んでいる屋敷。
今なんとも見えじ＝今日が婚儀の日であると、中の君に知られないようにしよう。
御文＝匂宮から中の君へのお手紙。
御返りやいかがありけん＝中の君からのお返事はどのようであったのだろうか。語り手の推測。
聞きもとどめぬさま＝匂宮の縁談を気にもとめない様子。
おほどかに＝おっとりと。

問一 傍線部(1)を、主語を明らかにして現代語訳せよ。

解答欄：二行

問二 傍線部(2)(3)を現代語訳せよ。

解答欄：(2)二行　(3)三行

問三 傍線部A・Bは、いずれも匂宮の気持ちを述べたものである。それぞれどのような気持ちか、説明せよ。

解答欄：四行

問四 波線部における中の君の心理を説明せよ。

解答欄：五行

解答練習シート

京大の国語の解答欄は、縦十四センチほどの枠に、行を示す罫線が引かれている。二〇〇三年度以前は、罫線は引かれておらず、枠のみが示されていた。設問ごとの解答欄の行数（または横幅）は問題編に示している。以下に、縦十四センチ、一行の横幅一センチの実物大の解答欄を用意した。示されたサイズにあわせて解答を作成する練習に活用してほしい。